AF346518

FOLIES

DE LA JEUNESSE

DE SIR

S. Peters TALASSA - AITHEÏ.

Omnia vincit amor, et nos cedamus amori.

LONDRES.

1777.

Il n'y a eu que quinze Exemplaires imprimés de
cet Ouvrage.

ESPIEGLERIES,

JOYEUSETÉS, BONS-MOTS, FOLIES, DES VÉRITÉS.

ENVOI

A Mr. I I N   P
       D   B   L
A   C   D   L
    L   G

PREMIER JANVIER, 1779.

O vous qu'on aime, et qu'on estime,
Pour votre esprit aimable, et pour votre bon
                                        cœur ;
Vous qu'Apollon, et les muses en chœur
    Attendent sur la double cime ;
Je vous offre CES RIENS qui sont dûs au moment.
    Auteur de bonne compagnie,
    Catule, de la poésie
    Fit jadis son amusement.
    Au rival du chantre d'Achille
Il envoya des vers sur la mort d'un moineau :
    Ami, vous savez si Virgile
    Lui sut bon gré de son cadeau.

TOUJOURS A VOUS!
PREMIER JANVIER 1781.

Ami très-cher, qui vit en honnête homme,
Est révéré du Juif et du Payen,
Et même aussi de l'évêque de Rome :
Un honnête homme est toujours bon chrétien ;
Vous le savez : il ne damne personne ;
Plein d'indulgence, aux pécheurs il pardonne.
Sensible ami, tendre amant tour-à-tour,
A l'amitié son ame s'abandonne
Avec délice, et de fleurs il couronne
La jeune Eglé, prêtresse de l'amour.
Vous, presqu'encor au printems de votre âge,
Vous jouissez de ce double avantage,
D'être chéri comme ami, comme amant :
Que l'amitié, que l'amour plus aimable,
De vos beaux jours comptent chaque moment.
J'ai, comme vous, heureux au lit, à table,
Heureux, sans doute, et jamais à demi,
Fêté Lisette, et chanté mon ami.
Avant vingt ans, libre de toute entrave,
Je n'ai des rois jamais été l'esclave ;
Moins le flatteur. Je vois venir ma fin,
Sans nul effroi du pape, de sa bulle ;
Et je prétends mourir comme Tibulle,
Cher à Delie, et lui serrant la main.

CANTIQUES.

DAVID et BETSABÉE,

Pot-pourri. 1764.

AIR : *Je suis un pauvre maréchal.*

DES combats, des suivans de Mars,
Qu'un autre, au milieu des hazards,
Conte les sanglantes disgraces :
Les trompettes et les tambours
Font taire le luth des amours,
Et fuir les plaisirs et les graces.
    Loin du bruit,
    Jour et nuit,
  Si je chante la guerre,
C'est près d'Iris, armé d'un verre,
Le front ceint de myrthe et de lierre.

AIR : *Un Chanoine de l'Auxerrois.*

Qu'on célebre le grand Henri ;
Qu'il soit le héros favori

D'Arouet, notre Homere ;
La France applaudit à son choix :
Mais DAVID est celui des Rois
Qu'aujourd'hui je préfere.
Il caressa plus d'un tendron ;
Fut sensible. . . . .
Ainsi que BOURBON.
Eh ! bon ! bon ! bon !
Chantez ma chanson
Extraite de la bible.

AIR : *On compteroit les diamans.*

Embarquons-nous sur des esquifs
Qui vers Jérusalem font voile ;
Dans le palais du roi des Juifs
Nous conduit notre bonne étoile.
Très-grand chaud alors il faisoit ;
La chaleur fatigue et harasse :
Aussi DAVID se reposoit,
Prenant le frais sur sa terrasse.

AIR : *Des Pendus.*

Par-ci, par-là, de toutes parts
DAVID promene ses regards.

Grace à son excellente vue,
Du don de voir au loin pourvue,
Il apperçoit une Vénus
Au sein des eaux, les charmes nus.

AIR *de la Meuniere du moulin à vent.*

Femme n'a nul appas secret
 Pour sa chambriere :
Aussi la belle folâtroit
 De mainte maniere ;
 Plongeoit dans la riviere,
 Ou bien se montroit
 Nue entiere,
 Par devant
 Et par derriere,
 Comme la meuniere
 Du moulin à vent.

AIR : *Par z'un dimanch' qui z'étoit fête.*

Ce beau corps de roses, d'albâtre,
Oui, déja DAVID l'idolâtre,
 Et son vouloir
 Est de l'avoir ;
Est de l'avoir, ce même soir,

En son pouvoir,
Dans un boudoir :
La cour doit être son théâtre.
C'est, dit-il, un morceau, ma foi !
Digne de moi.

Même air.

Je voudrois, la charmante aubaine !
A l'instant en faire ma Reine !
Jamais pour aucune beauté,
DAVID amoureux, enchanté,
Ne se sentit tant de santé.
Il parloit encore, on l'amene :
Il vous lui fait..... un compliment,
En prince amant.

AIR : *Les batelliers d'la Grenouillere.*

Madame, à l'honneur de ma couche
Vous ne vous refuserez pas :
Je soupire pour vos appas ;
Que mon pressant amour vous touche !
Vous sentez-vous pour moi du goût ?
Il la trousse, et trois fois la fout.

AIR : *Eh ! bien, notre belle malade.*

Mais sa valeur étant tombée :

Quel est ton nom , objet charmant ?———
Prince , on m'appelle BETSABÉE ;
C'est vous dire assez clairement
Que je suis la femme d'Urie ,
  Epoux ,
  Jaloux ,
Une furie.

AIR : de la Pantoufle.

Va , va , ne crains rien ,
Non rien de sa jalousie ;
 Je sais un moyen
De calmer ton Ethéen.
 S'il fait le vaurien ;
S'il entre en sa frénésie ,
 Il en guérira ;
SARTINE le traitera.

AIR : Cela reviendra.

Et si tu prends plaisir à la chose ,
Je prétends , sans quitter ce sopha ,
Du tendre amour te commenter la glose ;
Et puis après une petite pose ,
 Cela reviendra.

CANTIQUES.

AIR *du fief de Beche.*

Comme tel de ma connoissance,
Ce beau parleur n'étoit gascon :
Il entre en danse,
Recommence ;
L'adversaire est bon compagnon :
Avec vigueur il sait combattre ;
Et si l'on lui porte deux coups,
Il vous en rend quatre
Forts et doux.

AIR : *De la Baronne.*

La belle amie,
Fait part au Roi, deux mois après,
Que certaine source tarie
Prouve qu'est grosse de ses faits
La belle amie.

AIR : *Jupiter un jour en fureur.*

Achab reçoit ordre soudain,
Qu'Urie abandonne l'armée ;
Car sa tendre épouse alarmée,
Peut-être d'un songe vain,
Veut le voir, pour qu'il la rassure :

Belle sans art, l'art l'embellit.
La friponne mise au lit,
Du succès se croit sure.

AIR : *Robin tu relure.*

Et pour mieux jouer son jeu,
Elle rend sa chambre obscure ;
Et cherche à cacher un peu
Sa figure,
Dans la crainte que l'enflure
Ne découvre l'aventure. ——

AIR : *Nous nous marirons dimanche.*

O momens bien doux !
Urie ! ah c'est vous,
Vous que dans mes bras je serre !
Pourquoi fait-on
En tout canton
La guerre ?
Pourquoi,
Dis-moi,
Pourquoi ravager la terre ?
Mortelle frayeur,
Sortez de mon cœur !
Urie en ses bras me serre !

AIR : *Accompagné de plusieurs autres.*

C'étoit elle qui le serroit,
L'embrassoit et le caressoit ;
A l'échauffer elle se tue :
Elle étale envain ses trésors ;
Son cher mari dans tout son corps
N'offre qu'une froide statue.

AIR : *des Pendus.*

Comme un diable récalcitrant ;
Toujours plus froid, et moins entrant,
Son épouse se vit forcée,
Car ce n'étoit point sa pensée,
De l'abandonner à son sort :
Or il advint..... qu'il devint mort.

AIR : *du Cantique de Saint-Roch.*

Le lendemain, plus d'une grande dame
Disoit : il a ce qu'il a mérité :
Il faut couvrir la vertu de sa femme
Du grand manteau de la crédulité.
　　Tout mari sage,
　　Et qui voyage,
　　A son retour,
Nous doit un doit de cour.

Air : *du Vaudeville d'Epicure.*

Je ne refuse pas de croire
Que ces dames n'eussent raison :
Encor qu'un tantet dérisoire,
Je tiens , moi , leur conseil pour bon.
Et par les nœuds du mariage,
Si jamais je me vois lié,
J'assurerai toujours l'ouvrage
De ma vertueuse moitié.

Air : *De Lisette , amis , c'est la fête.*

Mais revenons à notre histoire,
Dont m'embarrasse assez la fin :
A Betsabée il est notoire
Que David Roi fit un Dauphin.
  Je vois là de l'adultere
      Au meilleur coin : . . . . . .
    Cela vient de loin ,
  Et c'est à nous de nous taire.

MORALITÉS.

Air : *Messieurs , faites attention.*

O Chrétiens , mes freres , croyons ;
Croyons même , sans nous permettre
Les plus simples réflexions ;

Soumettons l'esprit à la lettre;
On assure ainsi son salut.
Imitez votre ami
Qui ne fait point de commentaire :
Dieu peut vouloir s'envelopper
Des saintes ombres du mystere ;
Mais il ne sauroit nous tromper.

T H A M A R,

Pot-pourri. 1770.

Air *du Vaudeville d'Epicure.*

Sur des airs de faridondaine ,
De barbari , de flon flon flon ,
Grace au grand poëte Sedaine ,
On chante Antoine et son cochon.
Saint Roch et son chien débonnaire
Sont fameux par plus d'un couplet :
Et Loth eut aussi son Homere
Dans notre petit Poinsinet.

Air : *Lison dormoit dans un bocage.*

De ces maîtres timide éleve ,
J'ose cependant , après eux ,

Non recélébrer Geneviéve,
Ou rajeunir des contes bleux.
A tout l'univers est notoire
Ce que je vais vous raconter ;
Personne n'en sauroit douter.
C'est tout aussi vrai que l'histoire
Et d'Alexandre et de César :
Je vais vous parler de THAMAR.

AIR : *L'autre jour à la promenade.*

A peine il cessoit d'être imberbe ,
Que l'œil ardent , et le sang enflammé ,
AMNON aimable , mais superbe ,
Sentit le besoin d'être aimé.

Mais entendez-vous, Mesdames, un besoin
des plus pressans.

Et quoiqu'il eût fort haut le verbe,
Parloit-il ? on étoit charmé.

AIR : *Sais-tu b'en c'qu'cest que l'mariage?*

Qui charmé ? parbleu ! le beau sexe.
Selon lui l'homme à forte voix ,
Sans jamais se montrer perplexe ,
Vient à bout de nombreux exploits.
Amis , sur semblables articles ,

Le beau sexe voit des plus clairs :
Sans charger leurs nez de besicles ,
De tels juges sont de grands clercs.

AIR : *Je veux le mot pour rire.*

C'est à qui des dames de cour
Obtiendra son premier amour,
  Sa premiere innocence ;
Mais de leur ton si décidé ,
Il fut d'abord intimidé :
Dans ce pays , c'étoit tout comme en France.

AIR : *Jupiter un jour en fureur.*

Ainsi quoiqu'on lui fît beau jeu ;
Que femmes de chambre et duchesses
L'accablassent de leurs caresses ,
  Point n'y répondit , ou peu.
Il lui falloit bien autre chose :
Le papillon , né du matin ,
  S'échappe , et baise soudain
    La rose
  Fraîche éclose.

AIR : *Je suis né natif de Férare.*

DAVID , vrai chevalier des dames ,
Pour son compte eut nombre de femmes ;

A

A son grand plaisir il coucha
Avec la jeune Mácha.
Cette belle, deux fois féconde,
De Thamar fit présent au monde :
Rien ne fut beau, rien, rien Maï (1),
Autant que cette Tholmaï (2).

AIR : *Dans un verger Colinette.*

Elle avoit tout en partage ;
De la grace, du maintien,
Agrémens et fleur de l'âge,
Un séduisant entretien :
Ajoutez qu'elle étoit sage ;
Sagesse ne gâte rien.

AIR : *De tous les Capucins du monde.*

Voilà qu'Amnon, dans une fête,
Sur elle ses regards arrête ;
Les détourne, y revient cent fois ;
Il rougit, il pâlit, s'enflamme ;

---

(1) Mot italien, qu'on traduit en françois par AMAIS.

(2) Thamar étoit, par sa mere, petite fille le Tholmaï, roi de Gessur.

PART. III.   2

Veut parler, et reste sans voix:
Thamar seule anime son ame.

Air : *Palsandié, Monsieur le Curé.*

Risquer quelqu'amoureux discours,
Seroit chose hasardée :
Thamar, Thamar, de ses femmes toujours
Est soigneusement gardée.

Air : *La faridondaine, la faridondon.*

Il se tait; mais sa passion
S'accroît par son silence :
Pour cacher son émotion,
Il se fait violence;
Tombe malade tout de bon.
Tout remede
Cede
A son mal secret;
Et chaque jour on le voyoit
Plus défait :
Purges, sirops, rien n'y fesoit;
Il mouroit.

Air : *Un jour Guillot trouva Lisette.*

Jonadab auprès de ce prince
Se charge de l'utile emploi

Que l'homme grossier en province,
Nomme autrement que vous et moi. ——
Voulez-vous donc toujours vous taire ?
Dit l'oncle à son neveu mourant.
Vous nourrissez dans le mystere
Une ardeur, un feu dévorant.

Air : *En jupon court, en blanc corset.*

Certes l'amour n'est point un crime :
Je lis dans vos yeux ; vous aimez.
Ah ! craignez d'être la victime
Du feu dont vous vous consumez.

Air : *La foi que vous m'avez promise.*

Je me rends, repart le malade :
Vous triomphez de mes efforts :
Votre amitié me persuade,
Et cependant j'ai des remords.
Mais vainement je dissimule
Ce mal, ce secret plein d'horreurs ?
Oui, j'aime, mon oncle ; je brûle ;
D'amour j'ai toutes les fureurs. ——

Air *du Vaudeville de Figaro.*

Enfant, un rien épouvante,
Et je vous crois dans ce cas.

Nommez-moi donc cette amante
Aux redoutables appas ;
Cette belle si charmante ? ——
Mes sens sont.... --- Eh ! bien, parlez. -
De Thamar ensorcelés. ——

Air : *Guillot près de sa Guillemette.*

N'est-ce que cela ? bagatelle !
Oui, bagatelle, mon ami !
Vous allez connoître mon zele,
Et si je vous sers à demi.
Comptez toujours sur ma tendresse ;
Et n'oubliez pas, mon neveu,
   Qu'avec.... qu'avec un peu
      D'adresse,
      Par-tout
    On vient à bout
    De tout.

Air : *Vous me grondez d'un ton sévere.*

La nuit d'après sa confidence,
Amnon eut le meilleur sommeil ;
De son oncle, et de son conseil
Il conçoit beaucoup d'espérance :
A ses yeux tout se peint en beau ;
Il va sortir de son tombeau.

Air : *de la Pantoufle.*

David vient le voir. ——
Eh ! bien, mon fils ? —— ah ! mon pere,
   Je voudrois pouvoir
Manger, c'est mon seul espoir,
   D'un ragoût, ce soir,
Servi par une main chere :
   Ainsi présenté,
Il me rendra la santé.

Air : *Ah ! combien l'amour a de charmes.*

Passez-en votre fantaisie,
Dit le Roi ; point d'obstacle à ça :
De malade c'est une envie ;
Thamar pour vous cuisinera.
Plus d'une Matrone et d'un Mage
En causeront malignement ;
Mais si je déroge à l'usage,
Ce n'est que pour vous seulement.

Air : *Je suis Lindor.*

Thamar mandée, aussi-tôt elle arrive ;
Dispose tout pour le mets desiré :
Et cependant le prince enamouré
Jette sur elle une œillade lascive.

Air : *J'veux être un chien, y à coup d'pieds,*
y à coup d'poings.

Le sein nu , car il faisoit chaud ,
La princesse agit comme il faut ;
Le joli malade se trouble.
THAMAR approche de son lit ,
Et lui présente , avec grace , de la gelée d'o-
range , qu'elle a préparée de sa belle main
blanche.

En sentit-il croître son appétit ?
Déjà grand , quatre fois il redouble.

Air : *On compteroit les diamans.*

Sans le dire , vous devinez
L'appétit qui le sollicite ;
Entre deux tétons satinés
Il plonge un regard illicite.
Trop avancé , pour reculer ,
AMNON prend sa sœur sur sa couche ;
Et pour l'empêcher de parler ,
Sur sa bouche il colle sa bouche. —

Air : *A Vénus disoit Junon.*

AMNON ! ah ! mon cher AMNON !
Quelle fureur ! quelle rage !

Voulez-vous donc tout de bon
A votre sœur faire outrage ? ——
Non, THAMAR, non, non, non, non.
Ah ! loin de te faire outrage,
Je veux t'aimer tout de bon.

AIR : *O Mamomet ! ton Paradis des femmes.*

A quoi te sert ta pudeur monachale,
Vertu du peuple, et des sots et des fous ?
Pour le seul peuple on prêche la morale :
Que les plaisirs lui soient défendus tous !
Sache qu'aux grands, à la race royale
Tout est permis ; décens sont tous leurs goûts.

AIR : *Allons donc, la Magdelaine.*

Ma petite sœur cadette,
Serois-tu bien sans pitié ?
Acquitte envers moi la dette
Que réclame l'amitié :
Pour l'acquit de cette dette,
Soyons tous deux de moitié.

AIR : *Cher Zulmis, dès ma naissanse.*

En vain THAMAR tendre et douce
Plaide pour son chaste honneur ;
En vain elle se courrouce

Contre son dévirgineur :
Ainsi, fort de sa tendresse,
A Rome, le fier Tarquin
Fit à la jeune Lucrece
Voir un courage inhumain.

AIR : *Annette à l'âge de quinze ans.*

Nous ne jugeons, amis très-chers,
Sainement dans cet univers,
Que des seuls objets découverts :
    Plus d'une robe
    Aux yeux dérobe
    Défauts divers.

AIR : *Faut attendre avec patience.*

Que l'innocente violée,
Ne fut pas bien sous le jupon,
La chose n'est point révélée :
Ce qu'on sait, c'est que le fripon,
Triste, dégoûté, la maltraite.
Ah ! lui dit-il, que je te hais !
Fais, fais donc promptement retraite :
Puissai-je ne te voir jamais ! ——

AIR : *Quand le bien-aimé reviendra.*

A ce traitement, cet affront,
THAMAR devoit-elle s'attendre ?

De honte tu couvres le front·
De cette sœur pour toi si tendre !
Grace ! grace ! ô mon frere ! hélas !
Le barbare ne m'entend pas ! ——

AIR : *Ah ! Maman, que je l'échappe belle.*

Gardes ! oui ; qu'on la mette à la porte ! ——
    Peux-tu bien , ici ,
      Agir ainsi ,
    De cette sorte ?
De chez toi tu me mets à la porte !
    Nul ne le croira ,
Lorsque l'histoire en parlera.

AIR : *Mon honneur dit que je serois coupable.*

A sa douleur point de douleur égale :
    De ses longs cris
    Les cœurs sont attendris.
Elle déchire et robe virginale ,
Et ses appas par le crime flétris.
Se regardant comme déshonnorée ,
THAMAR s'éloigne , et cherche à se cacher :
Bientôt DAVID la vit toute éplorée ,
Comme une fleur , languir , se dessécher.

    AIR : *Du Serin qui te fait envie.*
Ainsi cette princesse aimable

Devint victime du trépas ;
Ainsi par fois, pour maint coupable,
Maint innocent paie ici-bas.
Chrétiens, sans remonter aux causes
De ce mystere tout divin,
Disons : ô profondeur des choses !
C'est tout pur du Saint Augustin.

L'ÉPIPHANIE,

Cantique (1). 1767.

AIR : *Pour voir un peu comment çà fra.*

Qu'on mette au jour, tant qu'on voudra,
Des systêmes de politique ;

(1) Encore qu'attachée à la Cour, la marquise de Palmarèze n'a fêté que les rois de la fève. Dès qu'elle put raisonner, elle a fait l'aveu qu'elle s'étoit senti un grand éloignement, de l'antipathie même pour LES MANGEURS D'HOMMES, et dans cette classe elle rangeoit les rois, les empereurs, les sultans, les czars; les princes, les ducs, et quelquefois encore les marquis, les comtes, les vicomtes, les barons, les chevaliers, les écuyers, et TUTTI QUANTI.

Qu'on doute si l'on choisira
Ou monarchie, ou république :
Pour moi, Messieurs, voici mon choix ;
    J'aime les Rois ;
J'en veux tout d'un coup chanter trois.

Si vous louez des Rois vivans,
Un censeur dira qu'on les flatte ;
Depuis près de dix-huit cents ans,
Ceux-ci sont morts, j'en ai la datte.
D'ailleurs tout trois régnoient aussi
    Fort loin d'ici :
Mon hommage est pur (1), Dieu merci !

(1) Ce couplet est la preuve de ce qu'on a avancé dans la note précédente. C'étoit essentiellement une très - bonne créature que la marquise, et qui répétoit souvent le mot de la duchesse du Maine : je suis assez sage ; je n'aime le jeu, le vin, ni les femmes. Lorsqu'elle disoit cela, véritablement la marquise ne s'étoit pas encore livrée aux jouissances de son sexe, goût que la Reufli lui fit venir, en la violant ; du moins c'est ce qu'elle m'a assuré vingt fois. Une tribade est l'être le plus à redouter pour les hommes ; il n'est point pour eux de rival autant à craindre. Jamais

En bons voisins ces Rois vivoient,
Et soigneux d'éviter les guerres,
Chaque hiver, en Perse ils avoient
Un rendez-vous pour leurs affaires;
Possédant de très-grands états,
     N'en doutons pas,
Puisque Dieu fit d'eux tant de cas.

Se voyant un fils, à l'instant
Il veut les en instruire en Perse;
Chargé de ce fait important,
L'exprès s'y rend par la traverse,
Et leur vient Jésus annoncer:
     Sans balancer,
Tous trois partent pour l'encenser.

La nuit, depuis une heure, ou deux,
Avoit étendu son grand voile;
En un clin d'œil, exprès pour eux,

---

la Caurour ne s'est mis dans le cas de devenir grosse, et de ce côté-là, elle passe pour être
vierge beaucoup plus que telle fille qui sort
du couvent, que telle abbesse ou chanoinesse
qui va prendre les eaux à PLOMBIERES ou
ailleurs.

Dieu

Dieu fit luire une belle étoile :
Le feu brillant qu'elle darda,
    Droit les guida
Vers la cour du Roi de Juda.

Dans ce monarque suranné
Un soupçon bizarre s'éveille ;
Il craint d'être un jour détrôné
Par un enfant né de la veille :
On sait, malgré l'affreux dépit
    Du decrépit,
Comment Jésus eût du repit.

Les Rois reprennent leur chemin,
Empressés d'arriver au terme :
L'étoile, comme par la main,
Les conduisant, s'arrête ferme ;
Puis tout d'un coup leur dit adieu :
    Le fils de Dieu
Justement logeoit dans ce lieu.

A des monarques si puissans
L'endroit n'étoit pas présentable,
Si l'on en juge par les sens ;
Car enfin c'étoit une étable :
Mais les sens, comptés jusqu'au bout,

Même le goût,
Pour la foi, ne sont rien du tout.

Dans ces Rois il n'est pas besoin
De vous montrer ce don céleste :
Seroient-ils venus d'aussi loin,
Sans avoir de la foi de reste ?
Aussi Jésus encanaillé,
     Déguenillé,
Vit chacun d'eux agenouillé.

Il prit les dons des Rois Persans ;
L'or marquoit son pouvoir suprême :
Avant l'or, il reçut l'encens,
Qu'on n'offroit alors qu'à Dieu même.
L'homme depuis fit la beauté
     Divinité ;
L'encens lui fut aussi porté.

Enfin l'un des Rois présenta
Au souverain de la nature,
De la myrre, qu'il accepta,
Quoiqu'elle fût d'un triste augure ;
Car elle annonçoit que la mort
     Seroit son sort ;
Ce qu'un Dieu pouvoit trouver fort.

Les présens faits, le trio part,
Pour retourner dans ses provinces :
Baltazar, Melchior, Gaspart,
Sont les noms de ces trois grands princes.
Chacun, de son peuple attendu,
    Lui fut rendu,
Prêchant Dieu chez nous descendu.

L'orient a mal conservé
La suite de leur belle histoire ;
Mais il est clairement prouvé
Qu'au ciel ils rayonnent de gloire ;
Car l'Eglise a d'abord admis
    Les trois amis,
Qu'elle nous peint beaux et bien mis.

J'avouerai que, comme elle dit,
Gaspart étoit un peu mulâtre ;
Mais sa démarche le rendit
Aux yeux de Dieu, blanc comme albâtre.
Messieurs, la couleur n'y fait rien,
    Et tout sied bien,
Pourvu que l'on soit bon chrétien.

Il faut sur-tout l'être à propos ;
L'Eglise est en réjouissance :

En son honneur versons des flots
De Punch et de vin de Constance.
Le verre en main, chantons cent fois,
    Vivent les Rois!
Vivent les Rois, quand ils sont trois.

Cantique de S. Just,

Natif d'Auxerre, et martyrisé en Beauvoisis,
vers l'an 407, le 18 du mois d'octobre,
sous le regne de l'Empereur Dioclétien.
Voyez Gyri, la Fleur des Saints, les
Bollandistes, Usuard et Baillet. 1768.

Air : *Chantez, dansez, amusez-vous.*

Prenez, choisissez pour patrons
Les plus fameux Saints des légendes;
Chargez leurs autels de vos dons,
Ou bien parez-les de guirlandes :
Pour moi je n'accorde mon luth,
Que pour rendre hommage à S. Just.

Air : *Du Cap-de-bonne-Espérance.*

Autant que Louis, que Charle,
Il n'est point célebre; non :
Mais il est temps qu'on en parle,

Qu'il acquiert un grand renom.
Que de l'oubli je l'arrache !
　Ma gloire à son nom
　　S'attache :
Le ciel lui fut-il moins hoc ,
Qu'à Pierre , à Jean , Marc et Roch ?

Air : *La foi que vous m'avez promise.*

Jadis , comme au siecle où nous sommes ,
Souvent , sans droit , on fut prôné ;
Le vrai mérite chez les hommes ,
N'est que rarement couronné.
Un fauteuil à l'académie
Est par tel et tel occupé ,
Qu'on sait que réclame Thalie
Pour l'auteur du Tuteur dupé (1).

Air : *Je suis Lindor.*

Mais de S. Just vous attendez l'histoire ;
Je ne veux pas vous la faire acheter :
C'est en chanson que je vais la conter ,
Pour la mieux mettre, amis, dans la mémoire.

____

(1) Ouvrage , pour me servir de l'expression de M. le Miere , qui paroît être cloué au théâtre.

AIR : *Monsieur le Prévôt des Marchands.*

Notre Saint naquit Bourguignon ;
Ce n'est pas jouer de guignon :
J'en tire ma preuve premiere
Que Dieu l'avoit prédestiné ,
Puisque Saint JUST vit la lumiere
Au pays le mieux aviné.

AIR *du Vaudeville de Figaro.*

Mais d'abord , sur ce j'insiste ,
Oublions ses jeunes ans :
Je ne saurois , sot copiste ,
Tromper les honnêtes gens ;
Je ne suis point journaliste.
Messieurs , pour vous divertir ,
Je n'ai pas droit de mentir.

AIR : *Lison dormoit dans un bocage.*

Pourtant je ne puis sous silence ,
Je manquerois à mon devoir ,
Passer un fait de son enfance
Qu'il vous importe de savoir.
Amiens est l'endroit de la scene :
Là , son oncle étoit prisonnier.

C'est fort, je ne puis le nier ;
Seul, sans secours il le déchaîne.
Je parle à des chrétiens, et croi
Qu'ils sont tous de robuste foi.

AIR : *Cher Zulmis, dès ma naissance.*

Pour les arts où l'esprit brille,
Saint-JUST montra du penchant ;
Il tournoit bien une quille,
Et fredonnoit du plain-chant.
Quoique moins bon virtuose
Que Timothéous le Grec,
Il enchantoit, et pour cause,
Jouant de sa flûte à bec.

AIR : *Dans ma cabanne obscure.*

Saint-JUST, Gyri l'assure,
Sur yvoire et vélin,
Peignoit en miniature
Encor mieux que Bélin ;
Mais seulement des cierges,
Et de jolis agnus,
Et la reine des vierges
Avec l'enfant Jésus.

Air : *Roulant ma brouette dans ce pays-ci.*

    Avec ces images
    Il récompensoit
    Petits garçons sages
    Qu'il catéchisoit :
    Il donnoit aux filles,
    Après la leçon,
    Fil pour leurs éguilles,
    Du sucre en bâton.

Air : *Et rli, et rlan et rlan tan plan,*
l'on vous les mene.

Des vers il eut la fantaisie ;
Mais leur charme a trop de douceurs ;
Car on prétend que poésie
Et que vanité sont deux sœurs.
Ah ! croyez-moi, laissez la rime ;
Imitez sur cela Saint-Just :
Comme lui n'ayez en estime
Que la science du salut.

Air : *De tous les Capucins du monde.*

Tout nous assure, tout atteste
Qu'il se montra toujours modeste,
Ne parut jamais sur un char,

Pour triompher de ses semblables ,
Et , comme Julius César ,
Ne commenta ses faits louables.

AIR : *du Vaudeville d'Epicure.*

Il vivoit , pieux solitaire ,
Mortifiant ses passions ,
Et sous le voile du mystere ,
Cachoit ses bonnes actions.
Quand il sortoit de sa retraite ,
Auprès des pauvres attiré ,
Le bien que faisoit sa main draite ,
De sa gauche étoit ignoré.

AIR : *des folies d'Espagne.*

Mais sa vertu , se cachant sous le chaume ,
Fit bruit enfin , grand bruit dans l'univers :
Telle l'odeur de la rose et du baume
S'échappe , monte et parfume les airs.

AIR : *Allez-vous-en gens de la noce.*

Lorsque je dis dans tout le monde ,
J'exagere , peut-être , un peu ;
Mais à quatre mille à la ronde
De sa demeure , chétif lieu ,
On se montroit LE TOUT EN DIEU

Qui, doué de Sainte Faconde,
Gagna maint serviteur à Dieu.

AIR : *Avec les jeux dans le Village.*

Quoiqu'il ne fût Pharmacopole,
Ni chirurgien, ni médecin,
Il portoit toujours une phiole
Pleine d'un élixir divin ;
Et fit avec son doux remede,
Sans en être plus orgueilleux,
Du ciel sans doute il avoit l'aide,
Mille prodiges merveilleux.

   AIR *des Trembleurs.*

BARBE, la fille de George,
Se mouroit d'un mal de gorge :
Rien n'y faisoit ; ni l'eau d'orge,
Sirop, julep, quel qu'il fut.
  Ce que ne put
  Médecine,
Clistere, suc de racine,
S'opéra, bonté divine !
Par des gouttes de Saint-JUST.

  AIR : *Du serin qui te fait envie.*

Dans différentes apostilles,
On lit que, pour bonnes raisons ;

Jeunes femmes et jeunes filles
Vantoient sur-tout ses guérisons.
Il ne s'effrayoit de l'ouvrage ;
Tout le monde obtenoit son tour :
Et ses forces et son courage
Renaissoient de son grand amour.

AIR : *Ah ! combien l'amour a de charmes !*

Pur amour pour la créature,
Lorsqu'en Dieu nous la chérissons ;
Doux sentiment que la nature
Met en nous , dès que nous naissons.
Par grace vraiment spéciale ,
Rempli d'angéliques ferveurs ,
Saint-Just d'une ame libérale
Du ciel répandoit les faveurs.

AIR : *Monseigneur , voyez mes larmes.*

Mes amis , détailler comme
La nouvelle vint à Rome
Du zele pur du saint homme ,
Est inutile ; il suffit ,
Il suffit qu'on sache en somme
Que Dioclétien l'apprit.

AIR : *Qu'en voulez - vous dire ?*
en voulez-vous rire ?

Nul n'ignore que l'Empereur ,

Rusé tyran, un méchant Bigre,
Contre les chrétiens en fureur,
Pour eux se montroit un vrai tigre.
Je veux que ce Saint-Just, dit-il,
Soit mis, et brûlé sur un gril.
Que je le hais son peuple vil !
  Armés du tonnerre,
  Purgeons-en la terre :
Les chrétiens! qu'ils soient rotis tous
  Sans devant derriere
  Sans dessus dessous.

  AIR : *Chantons* Lætamini.

A Beauvais l'ordre arrive ;
L'Hermite est arrêté,
Et puis de force vive
Durement garotté :
Par le bourreau fouetté,
Sur les charbons porté,
Il fut exécuté. (bis)

AIR : *Jusques dans la moindre chose.*

Saint-Just souffrit le martyre,
Pieusement résigné :
Le peuple n'osa rien dire ;

Mais

Mais il parut indigné.
N'usons point notre colere
En propos séditieux :
Opprimés, sachons nous taire.
Agissons ; cela vaut mieux.

Air : *Faut attendre avec patience.*

Un autre Saint-Just reste encore ;
On n'implore point celui-là :
Vif amour aussi le dévore ;
Beau sexe, tu sais bien cela.
C'est à tort que Saint on l'appelle ;
Des pécheurs il a tous les goûts,
Et ne veut, au lieu de chapelle,
Qu'une place en vos cœurs à tous.

Cantique de SAINTE-ELISABETH de Hongrie,

A Mde. DE C......, Princesse Hongroise.
Pot-pourri. 1773.

Air : *La foi que tu m'avois promise.*

Il faut que ma muse vous chante
Un sujet encor non traité :

PART. III.   4

Ce n'est pas sans raison qu'on vante
Le plaisir de la nouveauté.
O muse, ranime ma verve;
Remplis-moi d'une sainte ardeur :
Garde une modeste réserve;
N'allarmons jamais la pudeur.

AɪR : *Un Chanoine de l'Auxerrois.*

Tu te nommes, dit-on, Babet;
De ta patrone ELISABETH
    Connois-tu bien l'histoire?
Babet, tes liaisons, tes goûts,
Toute ta conduite, entre nous,
    Ne me le fait pas croire.
Je vais, si tu veux m'écouter,
Tout au long je vais la conter;
    Mais comme Grégoire,
    Je ne puis chanter,
    Qu'on ne me verse à boire.

AɪR : *Un jour ma Doris s'égara.*

On en est plus considéré,
Quand on peut citer sa famille :
D'un Roi Hongrois, de Sire André,
Ton ELISABETH étoit fille.

D'Hozier ma dit, ne pense pas
Qu'à plaisir ici je l'exalte,
Qu'Elizabeth, sans embarras,
Eut fourni les preuves de Malte.

Air : *Les dehors les plus séduisans.*

J'aime fort en sa parenté
La duchesse de Cunegonde,
Jeune objet, justement vanté,
Délices et charmes du monde :
Cette belle, belle sans art,
Prit un époux en mariage :
Fille à seize ans, pudeur à part,
   Doit en aimer l'usage.

Air *du Menuet d'Exodet.*

   Eh ! bien,
     Rien
    Du lien
   Qu'Hymen forme,
Fortement ne la tenta ;
  Elle ne contracta
  Vraiment que pour la forme.
    Cependant,
    Plus ardent

Qu'un Hercule,
Son époux se présentant,
Porte le nez au vent;
Mais la belle à l'instant
Recule : ——
Oui, tout comme toi je brûle;
Mon scrupule
Est ridicule.
Que ton air
Doux et fier
M'en impose !
Disoit-elle en minaudant,
De la main regardant,
Pour cause.
De mon cœur
Sois vainqueur :
La nature.....
Mais il faut en triompher;
Oui, je veux étouffer
Son dangereux murmure.
Je serai,
Je vivrai
Toujours vierge :
Vas donc, vas porter à tel,
Tel ou tel autre autel
Ton cierge.

AIR : *Chantez, dansez, amusez-vous.*

Mais revenons
A nos moutons ;
Occupons-nous de ta patrone :
Courtisans , bourgeois,
Villageois
Ne l'appelloient que BELLE et BONNE.
Avec encor plus de raison ,
Un chacun te donne ce nom.

AIR : *De tous les Capucins du monde.*

ELISABETH , enfant illustre ,
Ne comptoit pas encore un lustre,
Qu'un jour , ayant caché des œufs ,
Des fruits , du pain et d'autres choses ,
Pour de pauvres nécessiteux ,
Ne trouva qu'œillets et que roses.

AIR : *Je suis un pauvre Maréchal.*

Les filles beaucoup lui plaisoient :
Filles sans cesse l'entouroient ;
Elle estimoit peu notre sexe.
Si d'un beau garçon , par hasard ,
Sur elle tomboit le regard ;
Rougissant , pâlissant , perplexe ,

Elle alloit faire en son
Oratoire ,
L'oraison
Jaculatoire (1).

AIR : *V'la c'que c'est qu'd'aller aux bois.*

Avec sa belle-sœur Agnès ,
Friponne s'il en fut jamais ,
Donnant dans les plus grands excès ,
Madame Sophie ,
Fort peu son amie ,
Se répandoit en gais propos
Sur ses passe-temps dévots.

AIR : *Lison dormoit dans un bocage.*

Que fait-elle dans sa retraite
Avec des filles nuit et jour ?
Répétoit Agnès la coquette ;
On l'y caresse à la Raucour.
La petite se persuade
Qu'on n'imagine pas cela :

____

(1) Cette oraison , dite jaculatoire , est
celle-là qu'on fait au fond DU COEUR....
BOUFFLERS.

Qu'elle s'en tienne à ce jeu là ;
Pour moi je ne suis point tribade.
J'aime, on le sait, cela fait bruit,
La fleur, et ne crains point le fruit.

Air : *Si j'voulions être un tantet coquette.*

Forte de sa mere, la mâtoise,
Met tout en œuvre pour empêcher
Notre jeune Princesse Hongroise,
C'est bien mal ! l'empêcher de coucher
Avec le jeune Prince Landgrave ;
    Mais sa sœur qu'il brave,
    Rien n'y changera :
Il n'a sur ce point qu'une réponse ;
    Toujours il prononce
    Qu'il épousera.

Air *du Vaudeville de Figaro.*

Voulant de son mariage,
Au cher objet de ses vœux,
Donner un sûr témoignage ;
Prince galant, généreux,
Il lui présente en hommage
Deux cadeaux d'un bien grand prix,
Un miroir, un crucifix.

Air : *Je suis Lindor.*

De leur bonheur , on vit naître l'aurore :
Ils ont dit oui ; les voilà mariés.
Si par l'hymen ils sont tous deux liés ,
Le tendre amour les unit plus encore.

Air *du Cap-de-bonne-Espérance.*

Un lit
Suffit
Quand on s'aime :
Nos époux n'en avoient qu'un ;
De cœur , d'une ardeur extrême
Y travaillant en commun.
Au fauteuil académique ,
De vertu soporifique ,
Lit toujours en mouvement ,
Ne ressemble nullement.

Air : *Que ne suis-je la fougere.*

Soyez chacun toute oreille ;
Redoublez d'attention ;
Je vais dire une merveille ,
Digne d'admiration.
Un peu de foi , des prieres ,

Qu'on économiseroit !
En tailleurs et couturieres
Très-peu l'on dépenseroit.

AIR : *Mon honneur dit que je serois coupable.*

En pet-en-l'air, son habit d'habitude ,
ELISABETH étant chez son mari ,
Voilà qu'un jour leur arrive de Bude ,
Ambassadeur de son papa chéri.
A l'instant même on voit briller sur elle
Perles, rubis, des diamans encor ;
Son bonet rond est un pouf de dentelle ,
Et son burat devient étoffe d'or.

AIR : *Chanson , chanson.*

Promptement elle devint veuve ,
Et son beau-frere à rude épreuve
   Mit sa vertu ;
Mais animé d'un saint courage ,
Son cœur ne put par cette orage
   Être abattu.

AIR : *Dans un verger Colinette.*

S'estimant moins qu'un atôme
Aux regards de l'Eternel ,

Habiter sous l'humble chaume
Ne lui parut point cruel.
Va-t-on chercher à Versaille
Le bonheur ou la gaîté ?
Au village et sur la paille
L'amour a plus de santé.

AIR : *Dans ma cabane obscure.*

Une vieille insolente,
Du rang le plus abject,
Pauvre et méconnoissante,
Insulte ELISABETH ;
Elle la mortifie :
ELISABETH sourit,
Aise qu'on l'humilie,
Pour plaire à Jésus-Christ.

AIR : *Guillot près de sa Guillemette.*

Lui remettant son héritage,
Henri lui demande pardons ;
Mais préférant son hermitage,
De sa dot elle fit des dons.
Les pauvres, voilà sa famille ;
Elle aimoit tant l'humanité !
Même desir en vos yeux brille,
Desir pur de la charité.

AIR : *Tous les Bourgeois de Chartres.*

Un fait très-mémorable
De son humilité,
Quoique peu vraisemblable,
Doit vous être cité :
Elle obligeoit ses gens de manger sur sa gorge.
Ayant pour table ton giron,
Tout me sembleroit macaron,
L'ail même et le pain d'orge.

AIR : *Jupiter un jour en fureur.*

Miracle étonnant !
Surprenant !
Attesté par le témoignage
De plus d'un grave personnage ;
C'est celui-ci,
Que voici :
Au fond d'un puits, pour un malade
Qui desiroit de l'Esturgeon,
Elle pêcha main Goujon
Avec une Dorade.

AIR : *On compteroit les diamans.*

Avec deux Avés, un Pater,
Autre miracle aussi notoire,

Elle retira l'autre hyver ,
Sa maman du neuf Purgatoire.
Plus d'une fille , au cœur de fer ,
A ta Sainte toute contraire ,
Dès ici-bas met en enfer
Son papa , sa sœur et sa mere.

AIR : *Du confrere Bonaventure.*

Un libertin
Toujours en train ,
Le fléau des familles ,
Du cabaret
Au jeu couroit ,
Et du jeu chez les filles :
ELISABETH demande à Dieu
De convertir son ame :
Soudain il hante le saint lieu ,
Et chastement s'enflamme.

AIR : *Au bord d'un clair ruisseau.*

A quelque temps de là ,
Dans un doux soliloque ,
Nullement équivoque ,
Le bon Dieu lui parla.
Ah ! venez , lui dit-il ,

Vene

Venez, et tout à l'heure,
Venez dans ma demeure,
A l'abri du péril.

AIR : *Ma Tante et ma Cousine.*

Vous avez été sage ;
Il est juste, vraiment,
Que je vous dédommage
De ce rude tourment :
En époux tout céleste
Je m'en vais en agir ;
Mais je vous tais le reste,
Car je vous vois rougir.

AIR *du Vaudeville d'Epicure.*

Dieu dit : ELISABETH mourante
Expira le moment d'après :
Une dévote, sa parente,
Planta sur sa fosse un cyprès.
L'office, appellé funéraire,
Fut célébré par des oiseaux ;
Et seize morts, la chose est claire,
Sortirent de leurs froids tombeaux.

AIR : *Des simples jeux de son enfance.*

Au loin quelle grande affluence !

Comme on y court avec ardeur !
Sa chair, changée en pure essence,
Exale une suave odeur,
Plus salubre, plus efficace,
J'ai lu cela, je ne sais où,
Que le sirop de Calebasse,
Et que le baume du Pérou.

     AIR : *Du Serin qui te fait envie.*

J'ai puisé dans de bonnes sources
Pour écrire cette chanson ;
J'ai, voyez-vous, poussé mes courses
Jusqu'au bourg de la Roche-Guion :
Là, de celle que je célebre,
Dans une châsse de rubis,
On nous conserve une vertebre,
Et l'os sacrum et le pubis.

     AIR : *Babet, que t'es gentille !*

On sait quelle est ma foi
Pour ces vieilles reliques ;
Que fermement je croi
A leurs vertus magiques :
Je crois plus encor
A la treille, à l'or,
Aux charmes d'une fille.

Dans ma bourse ai-je cent ducats,
Ivre des meilleurs vins muscats,
Je chante, heureux entre tes bras,
Babet, que t'es gentille !
Babet, que t'es gentille !

Saint CHARLES BORROMÉE,

Mélodrame comico - sérieux, en 25 Actes,

Et composé dans la bonne intention de ne faire ni pleurer, ni bâiller. On est presque certain qu'on ne versera point de larmes ; mais qu'on rira, on n'oseroit l'assurer de même. Tout coup vaille, on va commencer. 1775.

AIR *des Trembleurs.*

La fête de BORROMÉE,
Jadis par-tout renommée,
A Paris n'est plus chommée ;
Je n'en vois pas la raison :
CHARLES, ce nouvel apôtre,
Saint qui certe en vaut un autre,

Aujourd'hui sera le nôtre :
Je lui dois une chanson.

AIR *du Vaudeville d'Epicure.*

Ce fut dans le château d'Arone,
L'an quinze cent et trente-huit,
Que d'un Comte et d'une Barone
Votre Patron, CHARLES naquit.
Des Rois le sacré diadême
Ceignit le front de ses ayeux :
Lui, par une faveur suprême,
Obtint le royaume des Cieux.

AIR : *Un jour Guillot trouva Lisette.*

Monsieur Gilbert à la naissance
De son petit poupon chéri,
Economisa la dépense
D'un Torré, d'un Ruggieri ;
Car c'est un fait très-manifeste
Que, par un prodige nouveau,
Une clarté vive et céleste
Brilla long-temps sur son château.

AIR : *De tous les Capucins du monde.*

J'ai lu, si j'ai bonne mémoire,
Dans une véridique histoire,

Qu'au lieu de fouetter le sabot,
De rire avec Polichinelle,
Quoiqu'un enfant, petit marmot,
CHARLES jouoit à la chapelle.

AIR : *Avec les jeux dans le Village.*
Un tel jeu clairement désigne
Des talens pour l'épiscopat :
Aussi CHARLES fut jugé digne,
Dès dix-sept ans, d'être Prélat.
Il avoit fait toutes ses classes,
Docteur IN UTROQUE JURE ;
Et rempli d'esprit et de graces,
N'en étoit pas moins timoré.

AIR : *La foi que tu m'avois promise.*
Une courtisanne impudique,
Espérant pouvoir le tenter,
Par un fripon de domestique
A CHARLES se fit présenter.
La belle, digne de la pomme,
Pour CHARLES n'eut rien de voilé ;
Mais le cœur de ce beau jeune homme
Ne parut pas même ébranlé.

AIR : *D'l'instant qu'on nous mit en ménage.*
Avec lui rendons-nous à Rome

Qui va devenir son séjour,
Et voyons, examinons comme
Il se gouverne en cette Cour.
Médici (1), le chef de l'Eglise,
Le créa Cardinal Neveu :
Cette place, quoi qu'on en dise,
Me plairoit fort ; j'en fais l'aveu.

AIR : *Guillot près de sa Guillemette.*

De son rang qui n'est point esclave?
On caresse sa dignité :
CHARLES quelque temps se fait brave;
Pardonnons-lui sa vanité.
Le trépas du Prince son frere
Le ramene à l'humilité :
Il renonce au monde, à lui plaire;
Il fait vœu de virginité.

AIR *du Cantique de S.-Roch.*

D'abord soudiacre, et puis diacre, et puis
prêtre;
De saint Praxede il prit le titre alors :
Dans le salut, quoique déja Grand-Maître,

---

(1) Jean Ange de Médici, son oncle, élu
Pape, vers l'an 1563.

Ce digne Clerc, faisant d'autres efforts,
          Sous la conduite
          D'un fin Jésuite,
          S'étudia
     A chanter GLORIA !

AIR: *Mon honneur dit que je serois coupable.*

Dans ce temps-là, la plus sale débauche
N'épouvantoit personne dans Milan ;
Jeunes et vieux, chacun donnoit à gauche :
Toute la ville étoit un vrai boucan.
Ormanetti, son premier Grand-Vicaire,
Fut promptement par CHARLES dépêché ;
Mais le Légat n'y fit que de l'eau claire,
Et tout pécheur resta dans son péché.

     AIR : *Et rli et rlan rlan tanplan.*

Ayant fait préparer sa chaise,
CHARLE$ obtint du Pape un congé ;
Il part, trouve son Diocese
Dans tous les désordres plongé.
Ainsi qu'aux premiers jours du monde,
Le frere cajoloit sa sœur,
Et de sa fille, qui n'en gronde,
Le pere interrogeoit le cœur (1).

____

(1) Lisez le mot COEUR dans le dictionnaire

AIR : *Tout consiste dans la maniere,*
              et dans le goût.

En public, même dans les Temples,
On trouvoit les gens accouplés ;
Les Prêtres donnoient des exemples
Affreux et des plus déréglés.
On les voyoit tous, dès l'aurore,
        Un verre en main,
Et le soir ils buvoient encore
        A Catin.

AIR : *Toujours joyeux, toujours content.*

En peu de temps, en moins de rien,
Par le secours de la priere,
On n'eut pas dans la ville entiere
Rencontré peut-être un vaurien.
Chacun alloit brûlant des cierges,
Rempli des plus chastes desseins ;
On put alors trouver des Vierges,
Et Milan se peupla de Saints.

    AIR : *Du Serin qui te fait envie.*

Un soir pourtant, en conviendrai-je ?
CHARLES prioit dévotement :

du Chevalier DE BOUFLERS, de l'Académie
Françoise.

Dans l'Oratoire un sacrilege
Se glisse clandestinement.
Crime atroce, que rien n'excuse !
Le scélérat, vil assassin,
Tire à CHARLES un coup d'arquebuse ;
CHARLES le reçoit dans le rein.

AIR : *Lise chantoit dans la prairie.*

Miracle ! merveille ! la balle
Tombe platte auprès de son pié ;
Il fait son Oraison mentale,
Sans du tout paroître effrayé.
  Le beau sang-froid !
  Qu'on en convienne.
Par le mérite de la Croix,
Et le récit de quelqu'antienne,
Peut beaucoup une ame chrétienne.

AIR *du Vaudeville de Rose et Colas.*

Lorsque l'on sut ce crime d'état,
  Dans Milan l'allarme fut grande ;
Des nouvelles de ce bon Prélat
Avec crainte chacun se demande.
  Il part, et va chez les Grisons,
  Pour ôter toute inquiétude :

On avoit alors la plus rude ,
La plus triste des saisons.

Air *du Vaudeville de Tom-Jones.*

Il souffrit fort en ce pieux voyage
Et de la soif et de la faim ;
Mais animé du plus fervent courage ,
Il mit bien des travaux à fin.
La Croix par lui prit racine en des roches ,
Et force rejetton poussa ;
Il baptisa Suisses et cloches :
C'est un beau triomphe que ça !

Air : *Vive Henri ! vive Henri !*

Sa maison de la Falcorine
Rassembloit cent jeunes garçons :
Il leur enseignoit leur doctrine ,
Leur donnoit de saintes leçons.
C'étoit ses délices ,
Et son seul divertissement :
En cet endroit franc , purgé de tous vices ,
Tout se passoit fort chastement.

Air : *Messieurs , faites attention.*

Charles avoit du Carnaval
Les passe-temps en déplaisance ;

Contre les plaisirs fous du bal
Il fit crier une ordonnance.
On ne dansa plus aux jours gras
Qu'à Muche pot, tout bas, tout bas;
Mais dans chaque Eglise, en revanche
D'une gigue, d'un rigaudon,
On étoit sûr, Fête et Dimanche,
D'un beau plain-chant en faux-bourdon.

AIR : *Faut attendre avec patience.*

La peste dans la métropole
Se répand, pénetre en tous lieux ;
Son poison destructeur désole,
Et riche et pauvre et jeune et vieux.
CHARLES que son devoir appelle,
Corde au col, la Croix dans ses bras,
Entre par-tout, brûlant de zele,
Et bravant la faulx du trépas.

AIR : *Des simples jeux de son enfance.*
A peu de temps de cette époque,
Fievre ardente vient l'attraper :
Pour lui tous les Saints on invoque ;
Mais en vain : la mort va frapper.
Elle n'est point épouvantable,

Pour quiconque est prêt à partir ;
Et comme l'on sort d'une table ,
Du monde on vit CHARLES sortir.

AIR : *Jusques dans la moindre chose.*

Comme lui dans Mesolcine ,
Bellenzen , et Tisitis ,
Ton éloquence divine
N'a point fait de convertis :
Je sais même quelques ames
Que par toi le diable aura ;
Ames de gentilles dames ,
Dont nulle ne t'en voudra.

AIR : *Et j'y pris bien du plaisir.*

On sait bien qu'à femme aimable
Le diable ne fait pas peurs ;
C'est de ne point voir le diable
Que plus d'une a des vapeurs.
Celle-là donc doit s'attendre ,
Qui mit le diable en enfer ,
De se le voir un jour rendre
Par Monseigneur Lucifer.

AIR : *O Mahomet ! ton Paradis des Femmes.*
Saint BORROMÉE étoit attrabilaire ;

Il n'aimoit pas le sexe féminin :
Autre reproche aussi grave à lui faire ;
Il ne buvoit que rarement du vin.
Qu'il soit placé dans le martyrologe ;
Sans examen, amis, consentons-y,
Et qu'à l'Eglise on en braille l'éloge :
Nous, célébrons le CHARLES DE NEUZI. (1)

AIR : *Cher Zulmis dès ma naissance.*

Honneur à son vieux Soterne,
Vrai nectar du Paradis,
Bien préférable au Falerne
Qu'Horace a chanté jadis.
Qu'aux graces, qu'à l'art de plaire (2)
Le plaisir associé,
Nous en verse à tous un verre,
Pour le boire à l'amitié.

FIN DES CANTIQUES.

Nous croyons fermement que c'est à tort
que se trouvent ici, comme productions de
Mde. DE PALMARÈZE, le Cantique de l'EPI-

(1) Conseiller de grand-chambre au Parlement
de Paris.
(2) Aux Dames et à la Maîtresse du logis.

PHANIE, et les deux Chansons du premier volume, l'une à la page 73, QUAND JE QUITTERAI MA BOUTEILLE, etc.; et l'autre page 217, L'AUTEUR VEUT MÉRITER UN BUSTE, etc. Il faut restituer ces trois petites pieces à leurs auteurs; car, je le répete, je suis sûr qu'elles n'appartiennent pas à la dame à qui ce recueil semble les donner. Mais nous demandons aussi qu'on veuille bien lui rendre huit cantiques qui lui ont été dérobés, et que, dans le temps où, sans réserve, elle commettoit, en tous genres, les plus jolis péchés, je lui ai entendu regretter, comme une mere sensible, attachée à des êtres nés d'elle. Pour que personne ne soit tentée de dire sienne cette famille égarée, et que plus d'un, peut-être, non pas sans raison, s'enorgueilleroit d'adopter, voici les noms de ces enfans volés ou perdus : RAHAB, Boos et RHUT; ESTER, OLLA et OLIBA; MARTHE et MARIE; LA CANANÉENNE, MARIE L'E-GYPTIENNE, SAINTE-THÉRESE. Si ces orphelins joyeux tombent quelque jour en bonnes mains, il faut espérer que nous les verrons alors paroître dans le monde, et que cette partie du Public, que les préjugés de l'enfance n'empêchent pas de rire de ce qui est gai, accueillera avec quelque reconnoissance les freres de ceux dont elle aura eu lieu, sans doute, de se louer, pour les momens agréables, divertissans dont elle aura joui. Les uns et les autres sont les enfans du bon esprit et de la volupté.

Nous devons beaucoup, j'ose le dire, dussai-je passer pour paradoxal; nous devons beaucoup à ceux qui nous amusent; qui, doués heureusement du don de la gaîté, la font passer en nous, et deviennent ainsi des consolateurs, envoyés par le Ciel, afin de nous sauver du désespoir où jettent des Moines, féroces moralistes; ces hommes en soutanes et surplis qui, à des jours marqués, pour une rétribution pécuniaire, vous ouvrent et referment sur vous à jamais les portes de l'Enfer, qu'ils connoissoient, d'après leur cœur. Leur peinture, vraie une fois, vous montre, en eux seuls, des millions de coupables ou déchirés sans cesse sous les fouets vengeurs, ou dévorés par des flammes toujours renaissantes, et poussant, tous, les hurlemens du crime.

64

Aussi n'est-ce qu'avec une extrême répugnance que j'ai consentis à ce que l'on insérât dans les œuvres de la Marquise le sermon (1) qu'elle a traduit de l'Espagnol, si nous nous en rapportons à son manuscrit. Mais on a voulu, et il a bien fallu que j'y acquiescasse; on a voulu offrir un contraste singulier et rare de ce qu'il y a de plus libre et de plus austere, et prouver de nouveau que les extrêmes se touchent. Cette vérité est aussi vieille que le monde. Une autre vérité plus agréable et plus utile, c'est que le petit nombre des personnes joyeuses est peu sujet aux maladies, et que jamais ces personnes ne trament dans l'ombre ni projets de nuire, ni complots, ni séditions : elles aiment leurs semblables, pardonnent leurs erreurs et en rient.

____

(1) Elle avoit composé un autre panégirique; c'étoit celui de Mad. POISSON DE POMPADOUR, sœur de POISSON DE MARIGNY, et morte le 4 avril 1764. Je l'ai lu : il n'étoit peut-être pas sans quelque mérite : je me rapelle le texte de ce discours : IL PRIT DEUX PETITS POISSONS, ET TOUT LE MONDE EN FUT RASSASIÉ.

PANÉGIRIQUE

DE LA

MAGDELENE,

Traduit de l'Espagnol de DOM Y NIMOS, Y REPERI, Y DERMADER, Y STUNIAS, Dominicain.

Ce Discours a été prêché dans l'église archi-épiscopale de Tolede, en 1759.

OMNIA TEMPUS HABENT.

EXORDE.

——

MESSIEURS,

J'APPLIQUE, sans crainte, à l'instruction que j'ai à vous faire aujourd'hui, ce texte, CHAQUE CHOSE A SON TEMPS, emprunté du livre de l'Ecclésiaste, premier verset du chap. 3. Mais par ces paroles, je n'entends pas assurément vous engager à vivre dans un désordre duquel je viens vous retirer, si la chose est possible. A Dieu ne plaise que j'ose jamais me revêtir de l'habit du Berger, pour porter plus surement la mort dans le sein du troupeau ; ni que je monte dans la chaire de vérité, pour être l'Apôtre du mensonge, ou un obstacle à votre salut ! Si vous êtes chrétiens ; si vous êtes dans ce saint lieu avec les dispositions que Jésus-Christ demande pour être digne d'entendre ses préceptes, vous devez croire que mes intentions sont pures.

Je vous entretiendrai de Magdelene avec cette sage retenue qui fait la décence du style ; avec cette attention religieuse qui, ôtant toute ambiguité aux mots, ne leur laisse que leur simple signification.

Quand je vous dis donc, Messieurs, que CHAQUE CHOSE A SON TEMPS, je veux vous faire entendre que si vous avez vécu dans le péché comme Magdelene, vous devez comme elle faire pénitence ; qu'il est temps de penser à vous convertir.

Esprit saint, je vais vous préparer les routes, en prêchant votre parole ; mais pour l'annoncer avec fruit, daignez m'avouer pour votre organe ; et plaçant sur ma bouche comme une garde de circonspection et de prudence, purifiez mes levres. Faites aussi que ma voix soit semblable à ce bruit impétueux qui prévint votre descente. O feu invisible, venez enflammer mon discours, afin qu'au sortir de ce temple, tous les cœurs ne soient embrâsés que d'une ardeur céleste.

Ave Maria, etc.

PREMIERE PARTIE.

L'innocence primitive s'altere de jour en jour. La volupté est une reine sur son trône, qui tient toutes les vertus enchaînées dans ses liens. Sitôt qu'on a subi son joug, on perd jusqu'à l'idée des devoirs que le baptême impose : dès-lors on ne reconnoît plus de frein. L'ami oublie les devoirs les plus sacrés de l'amitié, et porte le déshonneur dans la famille de son ami. Rien ne nous arrête. On franchit toutes les barrieres que l'honnêteté opposoit à notre course impétueuse ; et arrivé au but qu'on se propose, on n'entend plus que la voix de la mollesse : on se livre sans réserve à ses perfides enchantemens, et l'on finit par se plonger, presque sans remords, dans toutes les œuvres criminelles que l'Apôtre met au rang des crimes d'impureté. Cependant tant qu'il y aura de la raison, il y aura de la pudeur ; et le vice que j'attaque n'en sera pas moins honteux, malgré le nombre de ceux et celles qui le chérissent. Mais nul ne s'en est rendu plus coupable que Magdelene : aussi est-elle plus connue encore par son titre de Pécheresse, que par son nom propre. Ses désordres se multiplièrent tellement, qu'ils devinrent à la fin publics dans toute la ville : l'Ecriture ne le laisse pas ignorer. On ne parloit dans Naïm que de ses attachemens scandaleux. Elle ne refusoit rien à ses sens de ce que l'âge et la santé pouvoient lui permettre : rien ne s'offroit à ses yeux que sous l'image la plus séduisante. Sa vie étoit douce, agréable, commode ; personne ne portoit plus loin qu'elle les raffinemens d'une voluptueuse délicatesse ; chaque jour elle inventoit des superfluités nouvelles qui, par leur variété infinie, ingénieuse, acquéroient toujours de nouveaux attraits : elle n'épargnoit rien pour satisfaire au luxe de ses habits, à la magnificence de sa table ; son palais étoit toujours chatouillé agréablement par les mets les plus recherchés, les vins les plus exquis, les liqueurs les plus fines ; rien ne lui coûtoit pour subvenir aux frais du jeu, des spectacles, et généralement de tous les plaisirs que le monde procure : elle se levoit pour jouir ; elle se couchoit pour jouir encore. Née avec tous les charmes de la figure et du corps, et un malheureux penchant à connoître les hommes, elle les rechercha de bonne heure : mais mille causes peuvent avoir concouru à la perdre. Son éducation aida peut-être à fomenter en elle des flammes qui, par degrés, exciterent un affreux incendie.

La maniere dont on nous éleve détermine presque toujours ce qu'on sera, parvenu à l'âge des passions. Magdelene avoit peut-être été négligée, ou pas assez suivie ; peut-être eut-elle une mere qui se plut à composer de ses propres mœurs, les mœurs de sa fille qu'elle idolâtroit ; ou l'habitude de vivre avec des personnes peu scrupuleuses ou trop libres, lui fit-elle perdre insensiblement de vue cette précieuse modestie, l'apanage de son sexe.

Oui, Messieurs, le plus dangereux écueil à la chasteté, c'est la fréquentation de ces compagnies d'êtres superficiels qui ne cherchent qu'à briller par les agrémens d'une conversation où l'on passe presque toujours les bornes de l'enjouement ; ou des femmes volages et légeres ne s'entretiennent que de modes, de parures et d'ajustement ; où l'on peint des couleurs les plus vives et les plus voluptueuses, tous les sujets que le moment offre à l'imagination la plus déréglée. On passe ensuite à de certaines libertés trop peu mesurées et trop familieres. Une jeune personne se laisse aisément entraîner par ces exemples, sur-tout lorsque l'amour commence à s'emparer de son cœur ; lorsque les desirs sont excités par des objets attrayans, et que tous les ressorts de son ame sont remués par une force secrette et impérieuse. Chaque jour elle perd de sa pudeur, chaque jour elle devient moins réservée ; chaque jour elle se permet mille choses qu'elle auroit condamnées, il n'y a que peu de temps. Ce sont là les avant-coureurs d'une virginité qui va bientôt expirer.

Entre personnes de différent sexe, qu'il est difficile, Messieurs, d'avoir des amitiés tendres et vives, des attentions marquées, des prévenances douces, des complaisances soutenues, sans succomber à la fin aux attraits de la volupté ! Déjà les assiduités que vous rendez à la personne que vous croyez aimer innocemment ont fait un si grand bruit, que vos noms sont confondus l'un avec l'autre. On dit hautement que vous lui êtes entiérement dévoué, et qu'elle vous est engagée par un dévouement réciproque. Ah ! gardez-vous de vous exposer au hasard de plaire à qui vous n'êtes pas obligé de plaire. Vous cessez d'être Vierge, sitôt que vos regards vous attirent les hommages des hommes. Renfermez-vous, disoit S. Jérôme à une dame de qualité qui le consultoit sur la conduite qu'elle avoit à tenir dans le monde ; renfermez-vous, lui disoit-il, avec des veuves saintes ou des filles vertueuses : et trop souvent encore on voit les commerces les plus innocens dégénérer en des amitiés profanes et mondaines, et même finir par la chair, après avoir commencé par l'esprit. Non, il n'y a rien de plus délicat que la réputation d'une femme ; elle ressemble à ces boutons de roses nouvellement épanouis, que le moindre rayon de soleil, que le souffle le plus léger peut flétrir. Ménagez toujours la décence dans vos propos ; n'en hasardez jamais qui puisse faire rougir : on ne peut porter trop loin la réserve dans les idées et l'expression, même entre amis du même sexe. C'est ôter à l'amitié son plus bel avantage, son charme le plus doux, que de lui retrancher une certaine pudeur modeste et respectueuse.

Magdelene prêta l'oreille à toutes especes de séduction. Flattée des éloges sans nombre, des hommages toujours nouveaux que d'aimables corrupteurs prodiguoient sans cesse à ses appas, son amour-propre chercha par le secours de l'art à ajouter encore aux charmes dont la nature l'avoit embellie. Mais quelqu'une de vous, Mesdames, pourroit-elle à juste titre élever la voix et condamner dans Magdelene son goût excessif pour les parures ? Combien d'entre vous qui, par des ajustemens

recherchés

recherchés et plus frivoles, unis aux graces naturelles, ont enlevé à Dieu des cœurs qu'il n'avoit formés que pour lui ! plus empressées que la pécheresse à satisfaire tout ce que la vanité et le caprice vous font regarder comme choses nécessaires, peut-être allez-vous plus loin encore que tout ce que son imagination exercée et libertine lui fit inventer. Ce qu'on voit tous le jours, permet-il même qu'on en doute ? La mode établit-elle une maniere nouvelle de s'habiller avec luxe ou avec immodestie, on s'y conforme, sans avoir égard ni à la dépense, ni à la pudeur. Mais croyez-vous valoir beaucoup, femmes ambitieuses et vaines, quand vous êtes chargées d'or et de pierreries ; quand la nature se fatigue en recherches pour vous, et s'épuise, pour ainsi dire, afin de vous parer ? Sans craindre que Dieu n'accomplisse sur vous la menace qu'il adressoit autrefois aux filles de Sion, de faire tomber tous leurs cheveux, vous affectez ces coëffures si recherchées, où tout ce que l'adresse a de plus industrieux est employé à donner un démenti à la nature, en faisant d'une pigmée une espece de géante. Avez-

vous perdu ce coloris brillant de la premiere
jeunesse, vous avez recours à toutes les couleurs que le raffinement de la coqueterie et
le desir de plaire ont fait imaginer pour tâcher
de réparer l'irréparable outrage des ans et des
veilles. A quelle fin faites-vous usage des
parfums les plus exquis, des odeurs les plus
suaves, de ces étoffes soyeuses que l'Inde et
les plus riches manufactures ont tissues à
grands frais; de ces perles et de ces diamans
qu'on étale avec une profusion à laquelle rien
n'est comparable? Que j'entre dans vos mai-
sons, je suis presque obligé de croire aux
enchantemens de la féerie. J'imagine être dans
un de ces temples que la Grece et l'ancienne
Rome consacroient au fils de Vénus. Les ta-
pisseries, les tableaux, les statues, tout y
inspire, tout y semble ressentir les feux, la
puissance et les délices de l'amour profane:
tout en ce lieu porte dans les sens l'agitation
du desir et l'impression de la volupté. Mon
image est mille fois répétée dans des trumeaux
éblouissans: les peintures souvent les plus
lascives se multiplient autour de moi. J'y
vois ces théâtres de vos honteux plaisirs, ces

sophas qu'enfle l'édredon ; que des doigts habiles et délicats ont travaillés , et qui ressemblent plutôt à des autels dédiés à la molesse , qu'à des meubles faits pour y prendre le repos : et cependant l'Arche du Seigneur est dans le camp et sous les tentes !

Pourquoi faut-il que dans vos vastes et superbes palais, sous des lambris d'or et d'azur, vous vous fassiez comme un printemps perpétuel dans les saisons les plus rigoureuses, pendant qu'un pauvre cherche envain une misérable retraite , pour se défendre des injures de l'air ? Pourquoi faut-il que vos buffets gémissent sous le poids de tant de vases précieux , pendant qu'un pauvre n'a pas un vaisseau d'argile pour l'usage nécessaire de sa vie ? Soyez de bonne foi , ô vous chrétiens qui m'écoutez ! Ces dépenses inutiles et ruineuses ne déposent-elles pas contre vous , et ne vous condamnent-elles pas ? J'en appelle à vous-même : oui, que votre conscience soit votre propre juge.

Courir d'illusions en illusions ; de retour d'une partie de divertissement, ne songer qu'à s'en former une autre ; faire succéder le jeu à la bonne chere , la danse à la comédie, au concert la promenade ; lier tous les jours par un enchaînement continuel d'amusemens frivoles ; se faire enfin une vie oisive et sensuelle qui ne se refuse rien des douceurs que la nature recherche ; telle étoit la conduite de Magdelene , qui faisoit des plaisirs son étude et son occupation la plus sérieuse. Elle vivoit dans ce tourbillon du grand monde où communément on se fatigue , plutôt qu'on ne se divertit ; mais où tout pour elle se changeoit en agrément. Tout lui rioit , tout lui applaudissoit : elle étoit la femme à la mode ; on la desiroit , on la couroit. Elle étoit de toutes les fêtes , elle en fesoit le principal ornement. Tous les spectacles s'embellissoient de sa présence ; et c'étoit là sur-tout où son amour-propre s'enivroit des vapeurs de l'encens qu'on ne cessoit de brûler devant elle.

La conduite de la plûpart de celles qui m'écoutent n'est-elle pas la même ? On diroit qu'elles n'ont jamais devant les yeux que l'exemple de Magdelene , et qu'elles se sont proposées de l'imiter généralement en tout ce qu'elle fit de répréhensible et de contraire à la loi de Dieu. A peine sortent-elles des bras du sommeil , qu'elles sont inquiettes de savoir comment elles rempliront leur journée. Elles se fatiguent à imaginer de nouveaux passe-temps où l'on tâche de faire entrer la joie et la gaîté , et où , pour l'ordinaire , on ne rencontre que l'ennui et le vuide de soi-même. Enfin on sort , non pour faire quelqu'œuvre chrétienne , agréable et méritoire devant Dieu , comme de visiter les prisonniers , de consoler les affligés , de secourir les malades et les pauvres , et d'être envers eux comme l'encens qui , pendant les jours d'été , exhale au loin son odeur bienfaisante ; de reconcilier les familles divisées : mais lassé de n'avoir rien à faire , on va promener son inutilité dans ces cercles qu'on nomme la bonne compagnie , et qui , devant Dieu , est , à coup sûr , la plus mauvaise ; où l'on fait de la fureur du jeu le délassement de son esprit ; où l'on met au hasard sa fortune , l'héritage de ses enfans , le bien de ses créanciers , et la substance de toute sa famille , que souvent on finit par déshonorer ; d'où il part tant d'arrêts contre la réputation du prochain , qu'on déchire par

des discours sanglans, ornés de tours ingénieux et délicats ; où la médisance, comme
un feu dévorant, flétrit les fleurs les plus
belles ; ou bien, porté nonchalament dans un
char superbe, on vole à ce spectacle magique,
appellé l'Opéra.

Mais qu'est-ce que l'Opéra, Messieurs ?
Pour ne point être accusé de ne suivre que
les écarts d'une imagination fantastique, je
vais vous le dire, d'après les descriptions
que je vous en entends faire tous les jours à
vous-même. Ne vous attendez pas cependant
que, rapportant vos propres paroles, je vous
fasse une vive et dangereuse peinture de la
licence des mœurs de celles dont la destinée
malheureuse est vouée aux plaisirs publics, et
dont la fortune ne s'établit que sur leurs
indignes complaisances et vos criminelles pro-
digalités. Quoiqu'en restant fort au-dessous de
la vérité, j'espere vous peindre un tableau
avec des traits assez ressemblans, pour vous
faire connoître tous les dangers que court
un chrétien à se trouver dans un lieu, où son
cœur est attaqué de toute part.

Aller à l'Opéra, c'est se rendre dans un

salon où l'élégance et la richesse de tous les ordres d'architecture se trouvent réunies ; où les plus habiles ouvriers dans les genres agréables ont déployé la magie de leurs talens, pour faire de tous les arts une merveille unique ; où l'on donne un spectacle dans lequel on s'efforce, par la représentation d'une action passionnée, d'intéresser le cœur, de le toucher, de l'émouvoir, et d'y porter à-la-fois la même impression par divers organes ; où l'on épuise tout ce que la nature a de plus séduisant, de prestiges ingénieux pour enchanter la vue et la fasciner ; où des sons plus touchans que ceux d'une lyre ou de la flutte, se font entendre pour flatter votre oreille ; où les sentimens les plus tendres y sont animés par tout ce que la musique a de plus vif et de plus doux, et qui, une fois excités, ne peuvent plus être amortis ; où toutes les maximes de l'amour se débitent ; où les chansons amollissent ; où l'on trouve toutes les nuances de la beauté, prêtresses des plaisirs, chœurs des initiés, celles qui postulent pour l'être, et qui toutes se réunissent pour porter dans les sens le trouble et l'ivresse de la volupté, à l'aide de mouvemens cadancés et d'attitudes molles et efféminées. Le plus grand nombre dans l'âge de l'innocence, avec l'air de l'ingénuité, possede à fond la science du plaisir, sans en avoir le goût, ni en connoître l'usage. Semblables à ces jeunes esclaves que le Georgien ou l'habitant de la Tartarie Circassienne éleve pour les sérails de Perse ou de Turquie, et qui, instruites, dès l'enfance, dans l'art dégradant de caresser un maître impérieux, ont le miel sur les levres; mais le poison est dans leur bouche, et la contagion s'exhale de leur ame impure et pestiférée. C'est dans ce lieu, si fatal à la pudeur et à la modestie, que vous pouvez croire, Messieurs, sans juger témérairement, qu'il se forme tant de pensées criminelles, tant de desirs honteux; que l'on donne tant de rendez-vous infâmes; que l'on ne voit enfin que des personnes mondaines qui, toutes, avec leurs parures immodestes, ne songent qu'à irriter les desirs, qu'à se montrer, et à être vues.

Je sçais que les sens ont sur notre raison un empire dont il nous est difficile de nous affranchir. Ils nous appesantissent l'ame, et l'entraînent vers la terre. Ils nous tiennent continuellement occupés de ce qui leur plaît, de ce qui les flatte, de ce qui nourrit leur aveugle cupidité. Vous me direz que personne ne hait sa propre chair ; que vous ne pouvez résister aux desirs bouillans qui vous sollicitent, qui vous pressent jusqu'à l'importunité ; que vous êtes d'un tempérament de feu. Eh ! bien, soyez dans la fournaise avec les enfans de Babylone, et, comme eux, si vous invoquez le nom du Seigneur, les flammes n'auront nulle puissance sur vous. Ecoutez aussi le précepte de l'évangile : si votre main vous devient une occasion de pécher, il faut la couper. Vous ajoutez encore qu'il y va de votre intérêt même de succomber aux pressantes sollicitations d'une femme charmante ; et moi je vous dis : malheur à l'homme qui s'appuie sur un bras de chair !

Répondez : n'êtes-vous pas plus obligé de faire votre salut, que votre avancement ? L'un ne vous est-il pas plus nécessaire que l'autre ? Êtes-vous moins que Joseph le serviteur de Dieu ? Il vécut chaste dans la cour de Pharaon, et sçut résister aux pressantes avances d'une princesse aimable qui pouvoit détruire sa fortune aussi facilement qu'elle avoit été faite. Susanne, sollicitée par deux vieillards, puissans en crédit, de se livrer à leurs desirs criminels, leur répond : J'aime mieux être victime de mon innocence, que de commettre un péché en présence du Seigneur. S. Louis, revêtu de l'autorité royale, maître de son cœur et de ses actions, et pouvant vivre, au gré de ses desirs, dans la molesse d'une cour délicieuse, entouré de personnes à qui l'intérêt de plaire fournit les artifices les plus engageans, sçut se préserver de la contagion du siecle. Il se privoit même souvent des divertissemens les plus légitimes, afin de prendre sur soi plus d'empire contre les voluptés. Moïse ne balance pas à choisir entre la servitude et le trône. Il aime mieux vivre avec le peuple de Dieu, sous le joug d'un dur esclavage, que de régner, adopté par une Reine infidele. Il aime mieux souffrir toute la dureté des Egyptiens, que de goûter le plaisir passager d'un péché qui doit finir. S. Paul baise ses fers ; S. André embrasse sa croix ; les premiers Chrétiens font retentir leurs prisons de cantiques célestes, et la joie entre dans des lieux par l'horreur habités.

Mais soyez de bonne foi, et convenez que déja vaincus, avant que d'être attaqués, vous vous êtes rendu la victoire morallement impossible ? Déja mille libertés criminelles vous ont frayé le chemin jusqu'aux derniers actes. Les conversations tendres et passionnées, les présens, les rendez-vous, tout a disposé la victime à être brûlée par les feux de la volupté..... Le crime est consommé. Que vous en reste-t-il présentement ? La honte, et le désespoir de l'avoir commis. Combien de fois vous êtes-vous reproché amerement à vous-même ce plaisir fugitif qui vous a échappé, qui a passé comme un songe ?

Fils chéri d'un Pere vertueux, ne cherchez point à tromper sa vigilance, pour consumer, en prodigue, sa fortune avec des courtisannes. Loin de vous livrer à des caresses, dont les suites seront peut-être les regrets, la honte et la douleur ; car le plaisir qui paroît doux, d'abord, et couronné de roses, est, à la, fin aigre, cuisant et hérissé d'épines ; vous dis-je, vous que Dieu a choisi dans la fleur de votre âge ; en qui il a trouvé des dispositions à la vertu , semez dès le matin , semez le soir encore. Imitez le jeune Tobie qui , lorsque ses compagnons alloient adorer les idoles , avoit la force de se séparer d'eux , et , seul , alloit au temple adorer le Dieu d'Israël. Tel encore dans l'âge le plus critique et dans le feu d'une premiere jeunesse , exposé à la corruption du monde , a eu le bonheur d'y garder son innocence , et d'y conserver une parfaite intégrité de mœurs. Mais que de dangers environnent cette vierge innocente ! Une sainte éducation lui a inspiré de l'horreur pour les fautes les plus légeres , et d'elle-même, elle est incapable de donner la moindre atteinte à la sainteté des promesses qu'on a faites pour elle sur les fonds baptismaux ; mais elle devient la dupe d'une confidente qui lui ôte peu-à-peu tout ce qu'elle a de principes d'honneur et de vertu; qui lui ferme les yeux sur le bord du précipice qu'elle couvre de fleurs ; et telle que le serpent qui séduisit Eve, en lui persuadant de goûter du fruit des délices , elle lui fait oublier le soin de sa vigne , et lui facilite le crime , en lui ménageant des lettres et des

entrevues ;

entrevues ; en lui proposant avec adresse ces exemples sensibles dont elle l'autorise ; en lui fournissant ces expédiens dangereux qui l'attirent presque malgré elle dans les voies de l'iniquité. NON EST MALITIA SUPER MALITIAM MULIERIS : Il n'y a pas de malice au-dessus de celle de la femme. Ah ! s'il en est temps encore, jeune et brillante victime, arrêtez : dérobez-vous au couteau du sacrificateur ; mais vous ne m'écoutez pas. Hélas ! la vue du danger n'est point assez puissante pour vous retenir ! vous ne voyez plus que les rubans, les festons dont on vous pare ; que les roses, les diamans dont votre tête est couronnée. Séduite par votre cœur, par la nature même, à présent vous courez à votre perte. Ah ! si vous pouviez connoître........ Souhaits impuissans ! vous paierez vos tardives lumieres du bien le plus précieux ; de votre vertu. Que bientôt vous allez être effrayée de toutes les manœuvres que vous serez obligée de mettre en jeu ! Pour entretenir une liaison bien moins agréable que dangereuse, pénible et effrayante, il vous faudra prendre des mesures, épier les occasions , compter les momens , ménager des rendez-vous , prévenir tous les contre-tems ; il vous faudra éviter l'œil d'une mere vigilante, attentive à vous observer ; il vous faudra, par des dons souvent réitérés , vous assurer de la fidélité de votre gouvernante ; il vous faudra trembler à toute heure d'être surprise ; aller même au-delà des vaines ap-préhensions que forme la crainte.

Il n'y a que vous , ô mon Dieu , qui lisiez dans un cœur , esclave des sens , toutes les pensées , tous les désirs qui roulent les uns sur les autres , comme les flots d'une mer écumante , selon l'expression de l'Apôtre saint Jude. Quels sujets de soupçons et de défiance ! que de secrettes jalousies ! qui vous convaincra que vous serez aimée ? Sur quoi vous assurez-vous de n'avoir point de rivale ? Eh ! comment se reposer sur la parole d'un homme dont les protestations sont presque toujours feintes , et qui finit ordinairement par se mocquer de celle qu'il devoit éternel-lement adorer ? Il s'est trouvé des filles abusées ; oui , Messieurs , il s'en est trouvé qui se sont donné la mort de désespoir.

Vierges saintes des premiers tems, dont les cendres et les précieuses dépouilles reposent sur nos Autels, suspendez l'harmonie des divins cantiques ; descendez des spheres lumineuses où vous brillez de l'éclat du Très-Haut, et dites aux pécheurs qui composent cette assemblée, s'il n'est pas vrai que le moindre acte impur vous faisoit plus d'horreur que la mort même ; si, après avoir bravé les menaces des plus terribles empereurs, ou de leurs bourreaux, vous ne regardiez pas comme le plus affreux des supplices, d'être livrées aux caresses des hommes ? Venez apprendre à des filles chrétiennes, éloignées de ces saintes maximes, venez leur apprendre à se respecter et à crhéir la pudeur, comme le trésor le plus digne de leur attachement.

Et vous qui, liées par des nœuds saints et indissolubles, manquez cependant à vos engagemens ; vous me direz peut-être pour vous disculper, que, dès l'âge le plus tendre, vos parens, sans vous consulter, ont donné votre main à un mari fâcheux, bizarre, intraitable ; que c'est moins votre faute que

la sienne, si vous vous égarez, et si vous
en êtes venu à des éclats scandaleux ; que
vous n'avez pû supporter plus long-tems ses
humeurs, ses froideurs et ses aversions.
Vaines excuses, prétendues justifications que
vous imaginez, et dont vous voudriez couvrir les égaremens et les désordres de votre
conduite. Envain cherchez-vous des prétextes
pour les autoriser, ou pour en diminuer
l'horreur. Vous pouvez tromper le public ;
mais vous ne pouvez vous tromper vous-
même ; et dès que vous descendez dans votre
cœur, vous y trouvez cent témoins qui dé-
posent contre vous. Car on a beau flatter
l'ame par les attraits de la volupté, elle
revient de son yvresse. Vous ne pouvez vous
déguiser qu'il est encore des femmes saintes,
engagées dans les liens du mariage, qui, trouvant dans leur domestique des croix presqu'in-
suportables, les souffrent néanmoins avec
une modération angélique, s'étudiant à ménager un mari jaloux ; ayant à soutenir tous
les jours les hauteurs d'un caractere vain et
impérieux, tous les caprices d'un esprit vo-
lage et bizarre, les emportemens d'un na-

turel dur et farouche , étouffant , dissimu-
lant, oubliant tout, sans jamais faire d'éclat ;
bien loin d'en venir à ces divorces qui sont
si ordinaires , et d'un si dangereux exemple.
Oui ; vous êtes obligées , par les nœuds du
mariage à vous soumettre entiérement aux
volontés d'un mari : vous êtes obligées d'a-
voir pour lui toutes sortes de complaisances ;
enfin , vous êtes obligées à le faire revenir
de ses égaremens , par une conduite pleine
de douceur et de condescendance.

L'inquiétude précede toujours les satisfac-
tions des sens , et le repentir les suit : cependant une passion satisfaite n'est pas pour
cela éteinte. Si ce n'est le même objet , un
autre la rallume. Elle vous tyrannise ; elle
vous presse en tout tems , en tout lieu ; elle
vous suit jusqu'aux marches de l'Autel , et
vous arrache des complaisances criminelles.

L'amour profane prend toutes les formes
qu'il lui plait ; il se pare de tous les caprices ; il produit, à sa volonté, les événemens
les plus extraordinaires ; il est injuste sans
rougir ; ingrat sans politique. David charmé
de Bethsabée , fait assasiner son mari , pour

jouir plus à son aise; Salomon au millieu de son serail, livré aux embrassemens de ses femmes, n'est plus touché du souvenir de tant de bienfaits dont le Seigneur la comblé; il n'est plus sensible à l'a Sainteté du Temple qu'il a fait élever à sa gloire. Le fils du roi de Sichem, trouve bientôt le moyen de faire réussir son amour pour Dina.

L'amour a tous les caracteres, et n'en a point de décidé. Il allie les humeurs les plus opposées, ne connoît point d'obstacles, ou les surmonte; émousse les répugnances, les amortit, les étouffe et les change en inclinations; il triomphe des plus fortes haines; il est tour-à-tour fou, gai, triste, prévoyant, imprudent, avare et prodigue. .

Un jeune homme entre dans le monde avec du bien, de la naissance, de l'esprit. Il y trouve tout ce qui peut flatter son ambition, du crédit, de la faveur, des amis. Quoi de plus engageant? Il suit, en aveugle, le plaisir flatteur que donne une passion naissante. Tout lui en paroit agréable dans les commencemens; voilà l'écueil: il veut enfin la satisfaire. A quels désordres ne s'aban-

donne-t'il pas ? Idolâtre d'une beauté fiere
et arrogante , dont il adore tous les caprices,
il n'est rien où il ne se porte pour lui plaire.
Ainsi que Samson , il révéleroit son secret ;
nouvel Hérode , il accorderoit à la danseuse
Hérodias la tête de Jean-Baptiste ; il prend-
droit le fuseau et fileroit à ses genoux. Il
n'oublie rien pour obtenir les bonnes graces
de celle qu'il idolâtre. Il lui sacrifieroit tout ;
fortune , repos , parens et amis. Il corrompt
des domestiques , qui lui reprocheront un
jour de les avoir fait servir à ses iniquités ;
il invente mille moyens pour s'insinuer dans
son cœur , dont il veut faire la conquête , conquête qu'il estime au-dessus de tout. Il invente
mille moyens pour parvenir, à force d'intri-
gues et de souplesses , à l'accomplissement de
ses desseins ; il met tout en usage , cadeaux,
ouvrages d'esprit ; maniere de vivre , d'agir,
de penser. Enfin il se métamorphose : il devient
doux , modéré , retenu , complaisant jusqu'a la
flatterie. Il apprend à se réprimer , à fermer
les yeux sur des choses qu'il ne ressent que
trop ; mais dont il se garde de faire éclatter
son ressentiment. Eh bien! quel fruit recueille-

t-il de tant d'efforts et de soins ? Ou une maladie de quelques jours lui fera trouver une Lia, au lieu de sa Rachel ; ou l'infidélité la plus authentique lui prouvera combien il est aimé. Ah ! qu'il fasse un retour sur lui-même, et qu'il profite de la leçon qu'on lui donne ; qu'il trompe le plaisir qui l'a trompé. Oui, je l'entends s'écrier dans le premier moment de son dépit : » heu- » reuse infidélité, tu deviens pour moi un » moyen admirable pour expier mon atta- » chement ! » Quelque-tems, en effet, il paroît avoir en horreur sa conduite passée. Les inquiétudes, les transports, les ennuis, lui ôtent le bandeau fatal qu'il avoit devant les yeux ; mais bientôt, après un foible repentir, il se rengage de nouveau dans ses premiers désordres, tel qu'un enfant qui consulte un miroir, pour examiner les traits de son visage, et qui, la minute suivante, ne pense plus à ce qu'il vient de faire. Après une courte suspension, le torrent rompt bientôt la digue, et n'en devient que plus rapide et plus impétueux. Il se rembarque de nouveau sur une mer si fertile en naufrages , où il n'y a plus de calme pour lui. Ah ! jeune-homme , craignez d'avoir coupé les canaux par ou les eaux du Ciel pouvoient couler vers vous ! vous devez craindre de ne plus voir qu'une mortelle sécheresse , et que le Seigneur n'ait donné ordre aux nuées de ne plus verser la pluie sur vous. Vous voilà presque plongé dans un abyme ou l'on ne trouve plus de fond. Redevenu l'esclave du monde , je vous vois dans l'agitation , toujours dans l'excès , aimant jusqu'à la folie , haïssant jusqu'à la fureur , jaloux jusqu'à la rage , triste jusqu'au désespoir , emporté jusqu'à en perdre la raison , ouvrant à vos désirs une carriere libre et vaste , sans pouvoir jamais les satisfaire. C'est l'effet cruel des rechutes , en matieres de fornications.

O vous qui avez déjà franchis les premiers pas, et qui êtes prêts à retomber, differerez-vous encore votre conversion ? Vous vivez comme si vous étiez immortels : à vous voir agir, on diroit que vous en êtes persuadés. Vous vous allarmez pourtant , lorsque près de vous, quelqu'un termine sa carriere. Votre cœur est dans l'effroi ; mais quoique vos amis disparoissent, et que vous soyez blessés vous-même de l'accident qui les tue, la plaie ne tarde pas à se cicatriser. Vous oubliez que la foudre est tombée, dès que les feux sont éteints. La trace d'un oiseau ne s'efface pas plus vite dans les airs, ni le sillon des vaisseaux sur les ondes, que dans le cœur de l'homme la pensée de la mort. La mort.... ce mot vous effraye ! oui, elle est là toute prête à saisir sa proie, je vous en avertis. Vous n'avez plus qu'un jour, qu'une heure ; que dis-je ? Peut-être touchez-vous au dernier moment de votre vie, et vous balancez ? Quel est donc votre aveuglement ?

Mais me direz-vous ! vous cherchez à m'épouvanter. Je suis si jeune encore ! vous êtes jeune ? C'est-à-dire que la beauté, les graces, la jeunesse, que tout ce qui est aimable et fait pour plaire, a droit à une longue vie. Vous êtes jeune ? C'est-à-dire, tant que le monde me plaira, et que je pourrai lui plaire, Seigneur, je ne puis être à vous. On vous trouve quand on veut ; mais le monde n'agrée pas toujours. Ah ! laissez-moi lui donner ce premier âge. Je suis si jeune ! n'ai-je pas le tems de me convertir ? Vous êtes jeune ? Il est vrai, et l'ordre de la nature est que les plus âgés, étant entrés les premiers dans le monde, descendent les premiers dans le tombeau. Je sçais quelles plaintes on forme, et à quels murmures on se laisse aller contre la mort, lorsque par un coup imprévu, elle entreprend de renverser cet ordre, et qu'elle n'attend pas le tems de la moisson, pour couper des herbes encore naissantes, et à peine sorties de la terre. On la traite de cruelle, d'impitoyable, d'injuste et d'aveugle : mais vaines déclamations qui ne peuvent la toucher, ni arrêter ses ravages. Elle frappe tout indistinctement ; elle n'écoute ni prieres, ni reproches ; elle se bouche les oreilles et nous laisse crier. Jeunes et vieux, riches et pauvres, tous sont également exposés à ses traits, et hors de défense contre ses atteintes. Que dis-je ? Elle s'attaque encore plus à la jeunesse, qu'à ceux d'un âge avancé. Vous ne pouvez faire un pas, que vous ne rencontriez un tombeau qui ne renferme un corps plus jeune que le votre, et qui ne vous crie : viens , viens joindre ta poussiere à la mienne. Ezéchias avoit la santé et la jeunesse , et cependant Isaïe lui dit de mettre ordre à tout , parce qu'il va mourir. Faites le dénombrement exact , vous en trouverez plus qu'elle a ravis dès l'enfance , dans la fleur des plus belles années , que vous n'en trouverez au-dessus de trente et quarante ans. Or le sort de la multitude ne peut-il pas tomber plus aisément et plus naturellement sur vous , que sur celui du petit nombre ? Rompez donc tout commerce illicite avec le monde. Oui , je vous le dis avec saint Pierre: éloignez de votre cœur tout desir charnel. Rompez ces liens qui vous serrent si étroitement ; car ni les voluptueux , ni les adulteres n'auront part à l'héritage céleste. Dieu n'a peut-être point encore prononcé contre vous l'anathême de réprobation. Ardentes à rechercher tous les plaisirs , dont la Magdelene fit long-tems ses délices , vous avez eu le malheur de l'imiter , peut-être même de la surpasser dans ses égaremens : ayez le courage de la suivre dans ses affections divines,

vines, et dans les effets héroiques de sa pénitence.

SECONDE PARTIE.

L'orgueil des hommes du monde, leur a inspiré de faire dresser de arcs de triomphe et d'élever des statues, pour être des monumens éternels de leurs victoires, afin de recevoir de l'art une espece d'immortalité, que la nature ne donne point : ils gravent sur le marbre et l'airain les actions éclatantes de leur vie, pour rendre les ornemens de leur vanité aussi durables que les pierres et les métaux. Pour moi, sans suivre ces exemples profanes, que ne puis-je, non pas avec des vues d'amour propre, et de plaire par une éloquence vaine et périssable, mais avec le désir ardent et sincere de vous édifier, et d'être utile à votre salut ; que ne puis-je louer dignement la pénitence de la Pécheresse, et vous convaincre qu'il n'y a point de gloire véritable pour un pécheur, que celle de pleurer comme Magdelene, avec amertume, les déréglemens d'une vie passée,

Part. III.   9

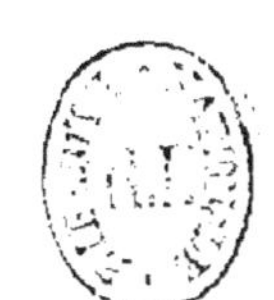

souvent presque toute entiere dans les chaînes du démon.

Si l'Ecriture ne nous parloit de la Pécheresse, que comme des deux sœurs Olla et Oliba, dont le Prophête Ezéchiel nous a peint l'inconduite avec des couleurs si fortes et si expressives, loin de vous entretenir de ses désordres, et dans la crainte même d'allarmer la pudeur et la modestie, je l'aurois confondue et laissée dans le plus profond oubli, avec les Lais, les Phrinés et les Aspasies, ces courtisannes célébres qui adoroient un Jupiter incestueux, une Junon adultere, une Vénus impudique ; car chaque Dieu dans la Grece, et dans l'ancienne Rome, étoit distingué par un vice, comme par son propre caractere. Mais Magdelene, après avoir quelque-tems suivi la voie large, douce, aisée, sémée de fleurs, par où passe le plus grand nombre, et qui mene à la perdition, s'en détourna heureusement, pour ne plus marcher que dans le sentier de la vertu, sentier étroit et couvert d'épines ; mais qui conduit à la vie.

Magdelene avoit été élevée dans la Religion de Moïse ; elle étoit Juive. Ainsi elle attendoit le Messie , ou du moins elle avoit entendu dire plusieurs fois que les tems étoient accomplis où il devoit arriver. L'Ange du Seigneur prédit dans Isaïe, avoit paru sur les bords du Jourdain : tant de signes, de figures , tant de prophéties , tant d'oracles qui annonçoient la venue du Roi de gloire, ne pouvoient lui être entiérement inconnus. Aussi à peine est-elle instruite des miracles de l'homme Dieu, que, semblable à ces sages Pilotes, qui regardent dans le ciel et lisent sur le front des étoiles la route qui leur est marquée , elle médite ses miracles. Plus elle s'y attache, et plus elle en est frappée fortement , et le cours de ses pensées luxurieuses est tout-à-coup suspendu. Comme il y a un art de découvrir sous une superficie sterile et seche , les mines d'or qui sont cachées dans les entrailles de la terre ; comme il y a certains signes de la fertilité d'un champ , lors même qu'il est encore couvert d'épines ; ainsi il y a certains présages heureux d'un regard favorable du Saint des Saints , sur des ames prédestinées , dont le premier est l'amour de la vérité et la recherche de la sagesse. Du moment où Magdelene voit luire les premiers rayons de la Grace, il se fait en elle une révolution : ce n'est plus cette femme qui, brûlée, consumée de désirs impurs et lascifs, n'existoit que pour la débauche. Un feu chaste l'embrâse, et dans un saint transport, elle s'écrie : il est Sauveur ! il est venu chercher les plus égarés ! où trouvera-t-il un plus grand égarement que le mien ? Mais puis-je prétendre à ses graces ? Ah ! si j'étois moins criminelles, peut-être ma conquête ne le toucheroit pas autant. Il est Sauveur ! En puis-je douter, après les preuves éclatantes qu'il en a données ? Tout Jérusalem l'adore, malgré l'envie de nos Prêtres : il force les loix de la nature, il commande aux flots et aux vents, il calme les orages par sa parole ; il ouvre les yeux à l'aveugle né ; il rend l'ouie aux sourds ; il fait parler les muets ; il redresse les boiteux ; il guérit les malades ; les démons tremblent et fuyent devant lui ; il ressuscite Lazarre, la fille de Jaïre, prince de la synaguogue, le fils de la veuve de Naïm.

O malheureuse Magdelene, oseras-tu seulement soutenir ses regards ? Charmes brillans et trompeurs, dons funestes, que vous me devenez odieux ! En achevant ces mots, elle jette un regard sur elle, et considérant son corps revêtu de mille ornemens étrangers, elle en a honte : ils sont un piege et pour les autres et pour elle-même. Elle foule à ses pieds ses colliers, ses brasselets, ses vases d'or ou de pierres précieuses ; enfin tout ces bijoux qui lui reprochent hautement son luxe, sa vanité, et sur-tout ces innombrables occasions où elle fit gémir la pudeur. Que n'ai-je une éloquence douce et persuasive ? Je graverois dans votre mémoire ces expressions si touchantes qu'un profond et amoureux repentir tiroit du fond de son ame. O jeunesse, s'ecrie-t-elle avec des soupirs qui partent d'un cœur vraiment contristé ; ô jeunesse, vous êtes la fleur de l'âge, vous en êtes aussi l'écueil le plus dangereux ! mais puisque Dieu a permis que je conserve encore ma fraîcheur et ma beauté, je veux lui en faire un sacrifice, et tâcher de le rendre digne de lui.

Son zele est sincere. Il fera fleurir les épines du désert ; il parfumera sa Croix. Magdelene a beaucoup aimé le monde, elle va aimer Jésus-Christ avec encore plus d'ardeur. Ne vous souvenez donc plus, Messieurs, de cette Magdelene pécheresse, dont je viens de vous entretenir ; c'est une femme nouvelle, aussi élevée par ses vertus, qu'elle s'étoit abaissée par les désordres de sa vie : semblable à ces eaux, qui, après être tombées de toute la hauteur de leur source par des canaux souterains, jusques dans le fond des vallées, sortent en bouillonnant de leur prison, et s'élançant vers le Ciel, remontent aussi haut qu'elles étoient descendues.

Simon doit recevoir à sa table le Maître en Israël : Magdelene l'apprend ; et sans considérer que ce Simon est un Pharisien, chez lequel elle aura pour témoins de sa démarche humiliante, ceux même qui ont partagé ses plaisirs ; elle court, elle vole ; mais elle reste immobile en entrant. L'air de Majesté de Jésus-Christ la frappe et la saisit. Est-ce un homme ? Est-ce un Dieu, se demande-t-elle ? Quelle grandeur dans une simplicité apparente ! elle répand avec profusion les parfums les plus précieux, de ces parfums dont elle avoit fait jusque-là un mauvais usage. Elle est à ses pieds qu'elle arrose de larmes et qu'elle ne cesse de baiser. Elle y reste dans le silence ; mais il y a une parole du cœur, que le cœur seul entend, que la bouche ne peut exprimer ; sa langue est muette et ne prononce rien ; sa tête est panchée vers la terre : tout son extérieur est composé et recueilli. Son ame livrée toute entiere à sa sensibilité, est comme accablée par son bonheur ; mais que ce silence parle éloquemment et qu'il dit de choses ! il peint en traits de feu les mouvemens intérieurs ; il est plein d'énergie. Elle l'interrompt enfin par ses sanglots ; elle dénoue ses cheveux et les mêle ; elle a en horreur toutes les vaines parures qu'elle a tant recherchées ; elle ne veut plus les souffrir ; elle hait jusqu'aux ornemens et a la beauté d'un visage qui avoit pû plaire à d'autres qu'à Dieu : elle avoit profané ses yeux par des regards libres et empoisonnés, qui corrompoient les ames les plus innocentes ; elle avoit indignement prostitué ses larmes à l'amour, au dépit, à la jalousie; elle les répand aujourd'hui sur ses fautes. Dans ses égaremens, Magdelene avoit mis en œuvres tout ce qu'un caractere tendre peut imaginer de plus séduisant; elle veut réparer par la vivacité de sa douleur, ces excès honteux où porte le plus souvent la fureur de l'amour profane. Enfin, rien n'a servi dans elle au péché, qui ne devienne un instrument de pénitence.

Touché de son repentir, et sur-tout de son amour, Jésus lui dit : vos péchés vous sont remis. Ah ! elle ne peut trouver d'expressions assés tendres, assés passionnées pour faire connoître à son Divin Sauveur, tout l'amour dont elle est embrâsée pour lui. Ces paroles consolantes qu'il vient de prononcer, sont pour Magdelene des liens qui l'enchaînent à lui pour jamais.

Elle renonce à tout ce qui n'est pas Jésus-Christ. Elle avoit des amis ; mais ils lui deviennent indifférents, parce qu'ils ne sont pas ceux de l'objet de son unique amour : elle sçait qu'on la chérit ; mais elle ne veut plus être recherchée : elle est dans un âge et dans une situation à pouvoir vivre dans le monde avec les mêmes agrémens qu'elle y a toujours trouvés ; mais c'est un aspic sourd à la voix et aux plaintes de l'enchanteur. Ni l'éclat et la pompe des richesses , ni les douceurs d'une vie commode , ni l'encens flatteur des hommages , ni même toutes les sollicitations de la chair et du sang , ne peuvent la détourner des voies de la justice. Elle ne veut plus d'autre plaisir , que de suivre celui qui entraîne tout par la force de son éloquence et la sublimité de sa doctrine. Tous ses mouvemens ne tendent plus qu'à s'en approcher ; tout ce qui l'en éloigne fait son supplice : elle tremble de lui déplaire ; elle s'informe soigneusement de ses goûts et de ses volontés , pour s'y conformer et s'y soumettre ; elle aime à l'entendre louer ; elle en parle avec complaisance : tout ce qui lui en présente l'idée , lui est cher.

Ce retour de Magdelene sur elle-même , dont une grande ame est seule capable , vous paroît peut-être , Mesdames , un de ces événemens que vous seriez tentées de révoquer en doute, s'il n'étoit attesté par des hommes saints, historiens exacts et vrais, aux témoignages desquels vous ne pouvez refuser votre croyance ; mais je sçais d'où vient ce manque apparent de foi, je dis apparent ; car il n'est point dans votre cœur : il n'est que sur vos levres. Vous cherchez à éloigner toute idée qui vous rappelle à la vertu. Etes vous effrayées de la distance que vous avez mise entre Jésus-Christ et vous ? Vous avez raison ; mais elle n'est pas plus grande que celle qui le séparoit de la Pécheresse : elle l'est moins. Mille disgraces, mille chagrins vous détachent du monde, et vous ne sçauriez le quitter. Vous trouvez toujours des prétextes absurdes pour ne vous en pas séparer : vous trouvez qu'il est doux d'y tenir. Quel est donc ce monde qui vous attache si fortement ? C'est un torrent débordé qui arrache les cédres et les entraîne comme les moindres arbrisseaux ; c'est une mer orageuse, couverte de mille écueils, où regnent toujours des vents furieux et contraires, qui vous brisent sur des roches inévitables ; où de mille vaisseaux, un seul à peine peut éviter le naufrage ; c'est un monceau de sable mouvant, sur lequel vous bâtissez, mais en un moment votre édifice s'écroule ; c'est, pour le dire en peu de mots, l'assemblage monstrueux de tous les vices, et cependant vous l'aimez ? Et c'est pour lui que vous remettez toujours à vous convertir ? C'est pour lui que vous remettez à faire le sacrifice de ces charmes, de cette beauté qui, toute innocente qu'elle pourroit l'être, ne laisseroit pas que de faire des criminels ; car même, contre son gré, elle corrompt les regards ; elle excite des desirs voluptueux ; elle fait naître l'orgueil dans celles qui la possédent, ou les passions, dans ceux qui la regardent ; elle est vaine ou dangereuse, et devient fatale, ou par le desir de plaire, ou par le desir d'avoir plu. Vous sçavez pourtant que dans ce monde avec lequel vous ne pouvez rompre, on s'y déchire, on s'y supplante autant qu'on peut, qu'on ne s'y regarde qu'avec mépris, qu'avec envie, et qu'on y vit sans union, sans bonne foi, sans probité. Eh bien ! je vous annonce, moi, de la part de Dieu, qu'il faut que

vous brisiez tous les liens qui vous y attachent encore ; que nulle raison ne peut être
valable pour vous autoriser à différer votre
salut. Suivez l'exemple de Magdelene : comme
elle , puisez dans les eaux rafraichissantes
de la source éternelle , qui coule pour tous
ceux qui sont alterés. Les engagemens qu'elle
avoit pris avec le monde , n'étoient pas
moins forts que les vôtres. Cependant rien
ne l'arrète , sitôt que la voix du Sauveur a
frappé son oreille : autant elle avoit chéri
le monde , autant elle le déteste. Elle ne
se rappelle plus ses jours d'erreurs , que pour
gémir plus douloureusement. Ces fantômes
de biens périssables , dont la présence l'a-
voit éblouie et charmée , s'évanouissent à
jamais. Retirez vous de moi , dit-elle , vains
amusemens , plaisirs frivoles ; c'est bien assez
que vous ayez troublé mon repos : laissez-
moi regretter à loisir une perte que je ne
sçaurois réparer. En un mot , la seule vue
du Christ , en fait une femme toute contraire
à elle-même.

Eh ! vous qui avez eu le bonheur de le
reçevoir plusieurs fois , de vous incorporer

à lui, dont nous vous entretenons souvent, en vous exposant, en vous développant les préceptes de sa divine morale ; quel fruit recueillons-nous de nos exhortations ? De vous voir, au sortir de nos temples, rentrer dans l'infidele Babylone. Vous y allez voir ces Dieux d'or et d'argent, postés dans les places publiques, devant qui presque tout le monde est prêt à fléchir le genoux : vous allez y retrouver ces idoles vivantes du luxe et de la vanité, comme si ces êtres que vous estimez tant, ne ressembloient pas à ces vases d'argile, qui tout peints et tout dorés qu'ils sont dans leurs ornemens, ne laissent pas d'être fragiles dans leur matiere. Vous courez vous joindre à ces hommes et à ces femmes revêtus d'habits riches et précieux, qui brillent par la pompe de leur train et la magnificence de leurs équipages, et après lesquels vous soupirez. Ah ! je vous le répète avec l'Apôtre : les usuriers et les femmes de mauvaise vie, vous précéderont dans le royaume de Dieu.

Venez-vous donc insulter à la parole évangélique ? Et le moyen de ne le pas croire

Loin de mettre en pratique ce que nous ne cessons de vous recommander ; bien loin de laisser germer le bon grain, vous l'étouffez: vous paroissez vous livrer à vos passions avec encore plus d'empire. Envain vous avez paru un moment retourner à Dieu, votre pénitence a été aussitôt étouffée, comme les fruits tendres et naissants qu'une gelée, hors de saison, vient surprendre ; elle leur ôte toute espérance d'accroissement et de maturité.

Envain vous avez monté les premiers échelons de l'échelle mistique de Jacob ; après quelque pratique legere de vertu, vous vous êtes lassés, et contens de vous trouver avec les autres dans les églises, ou n'ayant plus de zèle pour Dieu, vous voyez bien que vous ne pouvez en espérer aucune grace ; semblables à ces officiers qui, s'étant dégoutés du service, et ayant perdu par leur faute les fruits de leurs travaux et l'espérance de leur fortune, se mêlent encore dans la foule des courtisans, sans autre prétention que de voir le prince de loin, et d'en être regardé froidement.

A la joie, aux jeux et aux ris, Magdelene fait succéder une morne tristesse, les larmes du repentir et la plus sincere pénitence : elle ne ressemble point à ces arbres qui ayant été transplantés mal-à-propos, jettent tout au plus quelques feuilles, et ne prennent point racine. Vous, vous nous dites que vous changez de mœurs ; que vous ne vous occupez plus que des affaires de la vie future : mais à quelle marque voulez-vous que je reconnoisse cette vérité ? J'avoue que l'essentiel de la contrition, consiste dans un amour de préférence, qui détache le cœur du péché, et je conviens que cet amour peut être sans aucune sensibilité extérieure ; mais ce qui me fait trembler, c'est que tout ce que je vois de pénitences dans l'écriture, tant dans l'ancien, que dans le nouveau testament, se produisent par des témoignages sensibles et accompagnés de soupirs, de gémissemens et de larmes. Je vois partout la contrition douloureuse. Manassés revient à Dieu avec des termes qui marquent un cœur brisé et attendri ; David est si pénétré de douleur, qu'il baigne sa couche de larmes ; Ezéchias en pleurs, répand son ame devant Dieu ; à la prédication du Prophête Jonas, le Roi de Ninive paroît à la tête de sa cour, sous le sac et la cendre; il se revêt de la haire et du cilice ; il jeûne et se mortifie. Tout le peuple, au retour de la captivité, interrompt la lecture de la Loi par de longs gémissemens. Saint Pierre pleure amèrement son péché ; le Publicain contrit, frappe sa poitrine au-bas du temple et n'ose lever les yeux. Je ne vois nulle part de douleur tranquille. Je vois au contraire dans la primitive église, les pénitens prosternés au vestibule du temple. Lisez les vies des Thérèse, des Paule, des Marcelle, ces illustres femmes Romaines : parcourez celles de ces pieux solitaires, écrites par St.-Jean Climaque. Vous vous instruirez par l'exemple d'un Saint Antoine, que le soleil levant trouvoit prosterné dans le lieu même où, en se couchant, il l'avoit laissé. Saint Hilario passe les mers pour aller vivre en inconnu dans les isles les plus écartées. Vous, vous retirez au sein de la corruption, et comme si vous étiez en état de voler du vol de l'aigle , comme si à la simplicité de la colombe , vous joigniez la prudence du serpent ; comme si vous vous étiez fait par vos bonnes actions un rempart impénétrable contre les nouvelles attaques du démon , vous le défiez , et sa victoire est certaine. Ces Saints , dont je vous parlois à l'instant , extenués par les jeûnes et par mille autres austérités , évitoient la vue et l'entretien du monde , comme un écueil à craindre pour la vertu. Ils le méprisoient , ils détestoient ses maximes , oublioient jusqu'à leurs parens , leur patrie et leur héritage , pour pleurer et gémir.

Lorsque Magdelene est contrainte à se séparer de Jésus-Christ , ne pouvant le voir , au moins elle y pense sans cesse. Je vous conjure , dit-elle , avec la Sulamite , je vous conjure , filles de Jérusalem , de lui présenter mes soupirs , et de lui faire entendre que je languis en son absence. Mais si elle aime Jésus , Jésus aussi la trouve digne de son amour : elle en reçoit des preuves non équivoques. C'est chez elle qu'il loge dans ses courses apostoliques ; il sanctifie sa maison par sa présence. Si Marthe se plaint de ce qu'il souffre l'oisiveté de Magdelene, qui lui laisse tout le soin du ménage ; il prend sa défense , et déclare hautement que le parti qu'elle a pris est le meilleur. S'il ressuscite Lazare, c'est à la priere de Magdelene. Si Judas au festin de Béthanie murmure contre sa prodigalité, il loue son action, et touché comme de reconnoissance, il prédit qu'on en fera l'éloge dans les quatre parties du monde.

Une preuve presque certaine que vous n'êtes pas changés , c'est qu'on ne voit en vous nul effet de la grace que Dieu accorde toujours à ceux qni reviennent à lui avec un cœur contrit et brisé.

Vos péchés ne vous sont pas remis, parce que vous ne gémissiez pas en les accusant; parce que votre cœur ne détestoit pas ses fautes , quand votre bouche les a déclarées; parce que vous n'avez pas eu une componction vive, un zele ardent, la vigilance et la ferveur ; parce qu'enfin vous n'avez pas eu un véritable regret, et que Dieu ne se laisse désarmer que par des larmes sinceres. La sincérité du repentir de la femme adultere lui mérita son pardon. Dieu fut satisfait de voir Achab humilié devant lui : il eut pour agréable la charité pénitente de ces femmes déréglées de l'Egipte , qui sauverent les enfants des Hebreux. Il est le pasteur des brebis égarées , le pere des enfants perdus et prodigues , l'ami des Samaritaines. Dieu ne demande des pécheurs qu'une humble confession et une vraie douleur de leurs péchés. A cette condition , il oublie tout , il pardonne tout.

Profitez donc de cette bonté miséricordieuse : ne laissez point échapper le temps qu'elle vous accorde. Dieu vous appelle à lui , et seul , vous le sçavez , seul il donne aux arbres ces accroissemens que ne peut leur procurer , ni celui qui plante , ni celui qui arrose. Il vous tend les bras ; il vous offre le sein de sa clémence , et vous ne courez pas vous y jetter ? Qui vous arrête ? La honte et la confusion vous retiennent ? Non , c'est la force de votre penchant aux plaisirs , vos habitudes dangereuses qui vous séduisent, et que vous ne voulez pas rompre ;

les mauvais exemples qui vous entraînent et qui vous empêchent de profiter des bons : vous craignez les reproches de ces compagnies vicieuses dans lesquelles vous passez des jours qui ne devroient plus être consacrés qu'à des œuvres saintes. C'est-à-dire, que Dieu a beau faire pour vous, vous ne voulez rien faire pour lui. Mais croyez-vous vous établir un jour dans ce lieu de promission, où coulent le lait et le miel, sans avoir passé la mer et traversé les déserts arides ? Mais oseriez-vous vous flatter que, par une grace spéciale, Dieu misse une sémence d'immortalité dans une terre de corruption ? Mais voyez-vous quelque part dans les écritures, qu'il n'en ait rien coûté pour faire son salut, et que Dieu ait accordé une place parmi les Anges, à celui qui de toute sa vie n'en a fait qu'un cercle de dissipation frivole et de plaisirs licencieux, et qui, arrivé au terme fatal, est mort comme il a vécu ? Vous ne pouvez vous tromper aussi grossierement : une telle idée est trop absurde, pour qu'elle puisse vous servir à vous faire illusion. Et comment vous la feriez vous ? La foudre gronde continuellement sur votre tête , et vous avertit incessamment que Dieu est prêt à vous écraser , si vous ne cherchez à le désarmer. Allez au temple , et adressez lui votre priere , dans les dispositions ou il veut que ses enfants soient pour le prier. Ananie prie , et Paul est renversé sur le chemin de Damas ; Monique prie , et Augustin devient disciple de saint Ambroise ; Aaron , l'encensoir à la main , se jette au milieu du peuple , qui alloit être consumé par le feu du ciel , Dieu se laisse fléchir par l'encens.

Magdelene à cet amour de reconnoisance , où l'ame comblée et comme accablée des dons immenses et des bienfaits de son Dieu , s'efforce au-moins de lui rendre une partie de ce qu'elle lui doit , en se donnant à lui , et lui consacrant tout ce qu'elle est. Elle a cet amour de bienveillance , où l'ame , non contente de se donner elle-même toute entiere à son bien - aimé , voudroit encore lui attirer les hommages de tout l'univers , et lui attacher tous les cœurs. Elle a cet amour de complaisance où l'ame , à travers le voile qui le couvre , contemplant les perfections ineffables du Sauveur, en conçoit une idée qui la ravit, qui la transporte hors d'elle-même. Elle a cet amour de desir, et d'une sainte volupté, où l'ame, dégagée de tout autre objet, soupire affectueusement et sans cesse après son souverain bien, et se sent dévorée d'une faim et d'une soif qui la consument. Quand mon cœur, lui dit-elle souvent, n'est pas plein de vous, je suis à charge à moi-même : c'est ainsi que pense l'amour, c'est ainsi qu'il s'exerce et qu'il agit. Voilà les vrais caracteres de l'amour de Magdelene pour Jesus - Christ. Vous qui vous en dites le serviteur ou l'amante, sont-ce là les caracteres du vôtre ?

Jesus-Christ annonce à Magdelene que l'instant de finir sa mission est prêt d'arriver ; qu'il se trouvera parmi ceux qu'il a choisis un de ses disciples qui le trahira. Vous ne pouvez juger de la douleur de Magdelene. Vous n'avez point un cœur aimant comme le sien, et nul orateur, quelqu'éloquent qu'il puisse être ; quelque vive peinture qu'il en fasse, ne pourra jamais vous en donner qu'une idée très-foible. Il faut être l'amante de Dieu, pour connoître la perte d'un Dieu aimant. Je me contenterai

de dire avec tous les Peres, que, dès ce moment, ses yeux ne furent plus que deux sources de larmes. Voyez la aux pieds de la croix
comme abîmée dans sa douleur et sa tristesse.
Elle recueille le dernier soupir du plus tendre
des amans. Elle prévient le lever de l'aurore,
pour lui rendre ses derniers devoirs. Ni la
crainte des Juifs, ni les ténebres de la nuit,
ni la foiblesse de son sexe, ni la délicatesse
de sa complexion, rien ne peut la retenir.
Peut-elle craindre la mort, après avoir perdu
ce qu'elle aime, la personne du monde la plus
digne d'être aimée ? mais la tombe est ouverte;
son amant n'y est plus. Ses larmes coulent
avec plus d'abondance encore. Les apôtres,
venus comme elle, et ne trouvant pas le corps
du fils de Dieu, s'en retournent. S'en est assez pour eux, dit saint Augustin ; mais non
pour un cœur aussi touché que celui de Magdelene ; elle est inconsolable de la perte qu'elle
a faite. On a enlevé son sauveur, et dans sa
personne, sa joie, sa vie, son repos, et le
seul trésor dont elle ambitionnoit d'être riche.
Après la résurrection glorieuse, persuadée
que le monde n'avoit plus rien qui fût digne

d'elle, elle s'ensévelit toute vivante, pour le reste de ses jours, dans une grotte où elle embrassa tous les genres de mortifications, ne donnant à son corps de nourriture que pour prolonger ses souffrances, et passant sur un lit de pierre les heures de la nuit qu'elle ne pouvoit donner à l'oraison. Macérations, jeûnes, les austérités les plus excessives remplirent à peine l'avidité de ses desirs. Ingénieuse à trouver des proportions entre les peines qu'elle s'infligeoit, et les fautes pour lesquelles elle se châtioit, elle rapportoit ses souffrances présentes à sa vie passée. Ayant enfin consommé le grand sacrifice de sa pénitence, elle laissa à la terre sa dépouille périssable, et fut, comme l'aigle, renouveller sa jeunesse aux rayons du soleil éternel.

Voyons, Messieurs, s'il y a quelque conformité entre vos sentimens et ceux de Magdelene. Plus j'examine, et moins puis-je en appercevoir. Vous avez entendu dire, non pas une fois, mais mille, qu'un des disciples de Jesus-Christ vouloit le livrer; car chercher à détruire ses maximes, n'est-ce pas crier avec le peuple Juif : qu'on l'attache à une croix!

Vous

Vous avez vu ceux qu'il a le plus aimés, des prêtres, des lévites, lui donner le baiser de trahison, et non-seulement vous n'avez point pleuré comme Magdelene; mais, au contraire, vous avez applaudi de toutes les manieres, vous avez participé au déïcide qu'ils ont commis. Qu'arrive-t-il, Messieurs, de ces attentats ? La désolation des familles, les fléaux des peuples, le scandale de l'Eglise, les calamités publiques, la décadence des états, la guerre entre les princes, l'abus du pouvoir des loix, la révolte des sujets, les séditions domestiques ; il n'en peut rien venir que de funeste.

Qu'on vous parle de retraite et de mortifications ? qu'on vous dise : renfermez - vous dans la solitude, et là, comme dans des parterres émaillés des plus riches dons du printemps, cueillez des fleurs de pénitence pour les offrir à Dieu, et mériter, en retour, ces couronnes immortelles qu'il pose sur la tête des chérubins ; ou bien à l'exemple de saint Benoît, roulez-vous sur les ronces et les chardons. Vous répondez aussi-tôt comme ces paresseux dont parle l'Ecriture : il y a des monstres sur le chemin, et c'est un meurtre que de s'avancer dans une route si périlleuse. Pour accomplir tout ce que la loi demande, il faudroit se retirer dans les cloîtres, dans les déserts, et être plutôt des anges, que les enfans des hommes. Oserai-je jamais crucifier ce corps si tendre, si chéri, pour lequel j'ai eu jusqu'ici tant de ménagement? Comment pourrai-je supporter de me trouver toujours seul? La solitude me fait horreur. Je le crois. Vous vous êtes trop aimé, trop recherché pour vous suffire. Vous trouvez en vous-même un vuide affreux. Le chagrin vous dévore, et l'ennui vous tue. Livré au péché, captif sous ses loix, accablé de son joug honteux, comme un esclave, il faut que vous cherchiez des amusemens au-dehors, et vous ne trouvez de repos qu'en cherchant à vous étourdir. Cependant je vous le répete encore une fois. Quoi de plus propre à vous désabuser du monde, que le monde même? Il est plein de ces ames intéressées, qui, regardant plus au bonheur qu'au mérite, et ne suivant l'honnête qu'autant qu'il est joint à l'utile, ne font semblant de vouloir du bien qu'à ceux de qui ils en attendent , et ne s'attachent qu'à ceux qui prosperent : comme ces oiseaux de passage, qui ne s'arrêtent en nos climats qu'autant que l'air en est doux et tempéré, et qui s'envolent aussi-tôt que l'hiver approche. Enfin les attraits du monde ne sont qu'illusions ; ses faveurs qu'inconstance ; ses plaisirs qu'amertume. Ses joies sont des folies ; ses tristesses des désespoirs ; ses promesses de frivoles engagemens ; ses maximes des erreurs ; ses loix des déréglemens ; ses bonnes œuvres des hypocrisies. Les caresses des hommes sont perfides ; leurs préférences sont souvent injustes ; leur humeur enjouée et folâtre presque toujours ou fausse ou déguisée : tout en effet vous dégoûte du monde ; mais les choses saintes ne vous touchent pas ; le monde vous déplaît, mais Dieu ne vous plaît pas pour cela. Le soleil luit pour l'aveugle ; mais il a beau luire, il n'en voit pas plus clair : la lumiere le pénetre, l'échauffe et le touche de près ; mais il n'en voit pas davantage : c'est ainsi que la lumiere de la Loi luit à votre cœur ; elle le pénetre , elle se montre pour ainsi dire à lui , malgré sa résistance ;

mais il n'en devient pas meilleur. Un des plus grands obstacles encore à votre salut, ce sont les faveurs continues de la fortune. En effet, Messieurs, l'aveuglement est presqu'inséparable de la prospérité mondaine. La vertu s'endort dans le calme ; la vigueur de l'esprit se relâche ; les lumieres de la foi s'éteignent : content d'être heureux, on ne travaille pas à devenir sage. On erre au gré de ses desirs, et sans penser qu'on se doit à Dieu, on se prête et on se donne tout entier à la bonne fortune. Rempli de l'abondance des biens passagers qu'on possede, on oublie les éternels qu'on espere, et comme on a tout ce qu'on souhaite, on ne souhaite pas ce qu'il importe le plus d'avoir. Le salut se néglige ; le présent l'emporte sur l'avenir. Dieu s'éloigne, et le cœur corrompu dans l'oisiveté et dans la mollesse, répand des ténebres et jette un relachement universel dans toutes les puissances de l'ame. Semblable, dit saint Chrisostôme, à ces étangs qui du fond bourbeux de leurs eaux paisibles et dormantes, exhalent des vapeurs grossieres et malignes, qui rendent l'air obscur et mal sain dans tous les lieux de leur voisinage.

Que conclure ? Que vous n'avez ni la vertu des Saints , ni la foi des Patriarches , ni le zele des Apôtres , ni la constance des Martirs , ni la pureté des Vierges : qu'au contraire vous avez mené une vie scandaleuse , et que, jusqu'à ce jour, vous n'avez rien fait pour la réparer. Cependant il n'y a pas deux partis à prendre , vous le sçavez. On ne peut servir deux maîtres , le monde et Dieu tout à la fois. Il faut être ou l'esclave du démon, ou marcher sous les drapeaux du Dieu des armées ; il faut perdre ou sauver une ame ; il faut ou vous attendre à une éternité de tourments affreux, ou réparer vos désordres par la pénitence , en marchant sur les traces de Magdelene , et comme elle, enflammés des plus saintes ardeurs , consumer, en un instant, toutes les taches de vos iniquités. L'amour et le monde avoient été les objets des premieres affections de Magdelene , l'amour et la retraite furent ses dernieres. Eloignée du monde , vivant dans la solitude et le silence, elle s'est dérobée à tout ce que la vanité, le luxe étalent à nos yeux pour nous séduire.

elle laisse un exemple qui condamne la témérité qu'on a d'exposer aux périls les plus imminents, le bien le plus difficile à garder. Tel se trouvant logé dans une maison qui devient pour lui une occasion de se perdre, y demeure tranquillement, tandis qu'il voit autour de lui le feu de la concupiscence allumé de toute part ; tandis qu'il se familiarise, sans précaution, avec un sexe qui cherche à plaire, qui est presqu'également dangereux par ses vices et ses vertus, et qui blesse par sa beauté et même par sa modestie : n'est-ce pas marcher sur des charbons, et prétendre n'en être pas brûlé ?

Pour connoître les sentimens que le goût continuel des plaisirs deshonnêtes doit exciter dans les ames vertueuses, que l'on examine les suites de ces dispositions abrutissantes dans ceux que le sort destine à gouverner les empires. Elles éteignent véritablement en eux toute activité ; elles les endorment dans une mollesse continue qui, souvent plus que la guerre et tout ses fleaux, conduit les états à leur ruine. Quels soins les peuples de l'Asie peuvent-ils attendre de

Sultans voluptueux, perpétuellement occupés des plaisirs de leurs Sérails, où ils sont eux-mêmes gouvernés par les caprices et les menées de quelques favorites ou de vils unuques? Sous un Néron, un Héliogabale, Rome ne fut qu'un lieu de prostitution, ou d'infâmes courtisannes, du sein de la débauche, décidoient du sort de tous les citoyens, dissipoient les trésors de l'état, distribuoient les honneurs et les graces, à des hommes auxquels la corruption tenoit lieu de mérite, de talens et de vertus. Une Nation est perdue, lorsque la dissolution des mœurs, autorisée par l'exemple des chefs, et récompensée, devient universelle : alors le vice effronté ne cherche plus à se couvrir des ombres du mistere, et la débauche infecte toutes les classes de la société. Peu à peu la décence devenue ridicule, est forcée de rougir à son tour.

L'horreur et le mépris que l'on doit avoir pour la débauche, je ne dis pas seulement comme enfant de l'église, mais humainement parlant, sont donc très-justement fondés sur ses effets naturels : les idées que l'on a de ses malheureuses victimes, ne sont donc pas l'effet d'un préjugé, dans les sociétés où la vertu et l'honneur des femmes sont principalement attachés aux soins qu'elles prennent de conserver la chasteté ; où l'éducation a pour objet de les prémunir, soit contre la foiblesse de leurs cœurs , soit contre la force de leur tempérament. On peut naturellement supposer qu'une fille qui a franchi les barrieres de la pudeur , perdue sans ressource , n'est plus propre à rien , et ne peut être regardée, dès-lors, que comme l'instrument vénal de la brutalité publique : conséquemment une prostituée est exclue des compagnies décentes ; elle est un objet d'horreur pour les femmes honnêtes ; elle s'attire peu d'égards, même de ceux que la débauche mene auprès d'elle. Bannie, pour ainsi dire, de la société , elle est forcée de s'étourdir par la dissipation , l'intempérance , les dépenses ruineuses de la vanité. Incapable de réfléchir , dépourvue de toute prévoyance ; elle vit au jour le jour , ne songe aucunement au lendemain , périt promptement de ses débauches , ou traîne douloureusement jusqu'au tombeau, une vieillesse indigente , languissante et méprisée.

C'est pourtant en faveur de ces objets méprisables, que l'on voit tout les jours tant de riches et de grands, abandonner des femmes aimables et vertueuses, se ruiner, ne laisser que des dettes à leur postérité. La vertu n'a plus de droit sur les ames corrompues par la débauche. Les hommes dépravés par elle, méconnoissent les charmes de la pudeur, de la décence.

C'est à cet avilissement déplorable, que des filles trop foibles sont conduites par d'infâmes séducteurs que les Loix devroient punir ; mais dans la pluspart des Nations, la séduction n'est point regardée comme un crime. Ceux qui s'en rendent coupables, s'en applaudissent comme d'une conquête, et font trophée des victoires qu'ils remportent sur un sexe fragile et crédule, que sa foiblesse même devroit rendre d'autant plus respectable. Quelles ames doivent avoir ces monstres de luxure, dont les attentats portent la désolation et la honte durables dans des familles honnêtes ? Ils satisfont un desir passager, et vouent à l'opprobre, aux larmes, à la misere, les victimes infortunées qu'ils ont séduites.

Partout on ne rencontre que des familles ruinées par des peres libertins. Est-il de fortune qui suffise à contenter les desirs de ces syrenes, à la voracité de ces harpies affamées, qui dévoreroient des royaumes? Rien ne peut contenter leurs desirs effrenés, leurs caprices bizares, leur vanité non moins ridicule qu'impertinente. La ruine complette de leurs amans, met seule un terme à leurs demandes. Alors une dupe ruinée est obligée de faire place à une dupe nouvelle, qui, à son tour, sera dépouillée; car telle est la tendresse et la constance que des hommes insensés peuvent attendre de ces objets abjects et mercenaires, auxquels ils ont eu la folie de s'attacher.

Le libertinage abrutit l'homme de lettres, dont il endort le génie; il détourne le marchand de son commerce, et le force bientôt à devenir frippon; il fait sortir l'artiste de son attélier; il dégoûte l'artisan du travail nécessaire à sa subsistance de chaque jour; souvent il conduit l'homme du peuple au gibet et sur la roue.

Indépendamment du juste mépris que le

libertinage attire à ceux qui s'y livrent ; indépendamment de l'épuisement qu'il cause , la nature par un nouveau fléau qu'elle nous a fait connoître , prend soin aujourd'hui de châtier de la façon la plus directe , les inconsidérés que les idées de décence ou de raison ne peuvent arrêter dans leurs penchans déréglés. La jeunesse devroit frémir à la vue des contagions affreuses dont la volupté la menace : mais le vice est un tyran qui donne à ses esclaves un fatal courage , capable de leur faire affronter les maladies et la mort.

Tout, dans la société , semble exciter et fomenter dans les ames des riches , surtout , le goût funeste du vice et de la volupté ; l'éducation publique , des spectacles peu chastes , des romans séducteurs , des exemples dangereux , une corruption contagieuse. Les esprits sont gâtés , avant même que la nature ait donné aux organes du corps une consistance suffisante. De-là cette vieillesse précoce que l'on remarque dans les habitans corrompus des cours , dont la race débile et foible , annonce évidemment les déréglemens des peres.

Le débauché non-seulement se nuit à lui-même, mais encore il substitue et perpétue sa foiblesse et ses vices, à ses malheureux descendans.

Ah ! vous tous qui m'écoutez, enfans de la mollesse et des plaisirs, sortez de l'engourdissement ou vous êtes : faites tous les efforts dont des chrétiens doivent être capables pour briser les chaînes lourdes et honteuses qui vous retiennent. Semblables à ces deux tributs, qui, prêtes à passer les eaux paisibles du jourdain, demanderent, pour toute grace, qu'on les laissat demeurer sur le rivage, ne vous écriez plus comme elles : c'est ici un pays propre à nourrir des troupeaux ; donnez le nous pour notre partage : c'est tout ce que nous prétendons. Dieu a versé dans votre sein une mesure pleine, bien pressée et comble jusqu'à déborder : il vous a peut-être encore plus accordé qu'à Magdelene. Pour vous rendre dignes d'entretenir le feu allumé dans le tabernacle, il n'attend que vos soupirs. N'en doutez pas, il répondra à vos gémissemens. Cherchez, priez, frappez ; mais frappez avec persévé-

rance

rance ; mais priez avec ferveur ; mais cherchez avec soin , et ne doutez pas , quelqu'indigne que vous vous soyez rendu de
vaincre , que votre foiblesse ne triomphe ;
que vous ne parveniez à cette gloire dont
vous êtes encore si loin ; que vous ne soyez
un jour admis avec ces vierges pures et sa-
crées qui ont droit d'environner l'époux , et
auxquelles il dira : „venez mes bien aimées ,
„mes tendres amies , mes colombes , mes sœurs,
„mes épouses chéries , les modeles parfaits de
„la beauté ; venez vous asseoir auprès de moi , *
„pour jouir à jamais avec les Anges d'un bon-
„heur inaltérable. »

AINSI SOIT-IL.

Un Chanoine de Rheims , prêchant le jour
de saint Fiacre , finit son sermon , ainsi qu'il
suit.

A qui puis-je mieux comparer , mes chers
freres , le grand SAINT , dont je viens de
vous détailler les vertus , qu'à notre Illustre
Archevêque la Roche-Aymon , le plus digne
FIACRE de nos jours ; FIACRE dans les délibé-

* „sur le trône de la candeur, comme sur un lit nuptial;
„venez vous reposer sur mon sein. les embrassemens de
„votre céleste époux ne finiront jamais: vos plaisirs ne
„ressembleront point à ceux des hommes sur la terre.
„la leurs sont d'un moment et les preuves de leur
„faiblesse. Venez donc jouir à jamais ...

rations du Clergé, qu'il a l'honneur de présider; FIACRE dans la distribution des aumônes royales, dont il est chargé; FIACRE dans ses projets; FIACRE à la Cour; FIACRE à Paris; FIACRE en son diocese : enfin, mes chers freres, croyons, qu'après avoir été si grand FIACRE sur la terre, il sera encore plus grand FIACRE dans la bienheureuse éternité.

NOTA.

Ces trois volumes sont imprimés depuis douze ans au moins; mais ils ne furent pas publiés, ayant été saisis par les agens, les vils esclaves du despote LENOIR, bien digne éleve de son instituteur, de son maître Sartine. On enferma ces brochures sous des verroux qui, bien tard, mais heureusement, ont été brisés. Le particulier qui, le lendemain de la prise de la Bastille, se rendit possesseur de nos prisonniers emmagasinés, les avoit gardés; et soit scrupule, ou autre raison, ils étoient restés chez lui in-vendus. Il vient de mourir. Deux jours après son enterrement, l'édition entiere a été envoyée, en présent, à quelqu'un qui ignore, et probablement igorera toujours, de quelle part lui vient ces œuvres de Madame de PALMARÈZE. Un billet accompagnoit le ballot : il faisoit mention seulement des détails que nous venons de transcrire , et des motifs très-plausibles qui avoient retardé la publication de ces bagatelles. Ce billet contenoit, deplus , d'instantes prieres de se charger promptement de la distribution de l'ouvrage.

Observations de l'imprimeur.

—— Comme l'auteur est à Paris , et moi à Khel, le lecteur ne doit pas être étonné, s'il rencontre dans ces trois petits volumes quelques fautes d'orthographe , et même de sens. Obligé d'employer des Allemands qui, à peine, scavent assez de françois pour exprimer leurs premiers besoins, quelques soins, quelqu'attention que j'aie pris dans la revision des épreuves, je me suis apperçu qu'on a laissé passer plusiers fautes essentielles qu'on voudra bien corriger en lisant. L'auteur n'a point voulu que j'ajoutasse un errata.

A Khel, de l'Impr. de F. Chanson. 1789.

TABLE .
DES MATIERES

Contenues dans cette IIIe Partie.

FIN DE LA TABLE DE LA TROISIEME ET DERNIERE PARTIE.